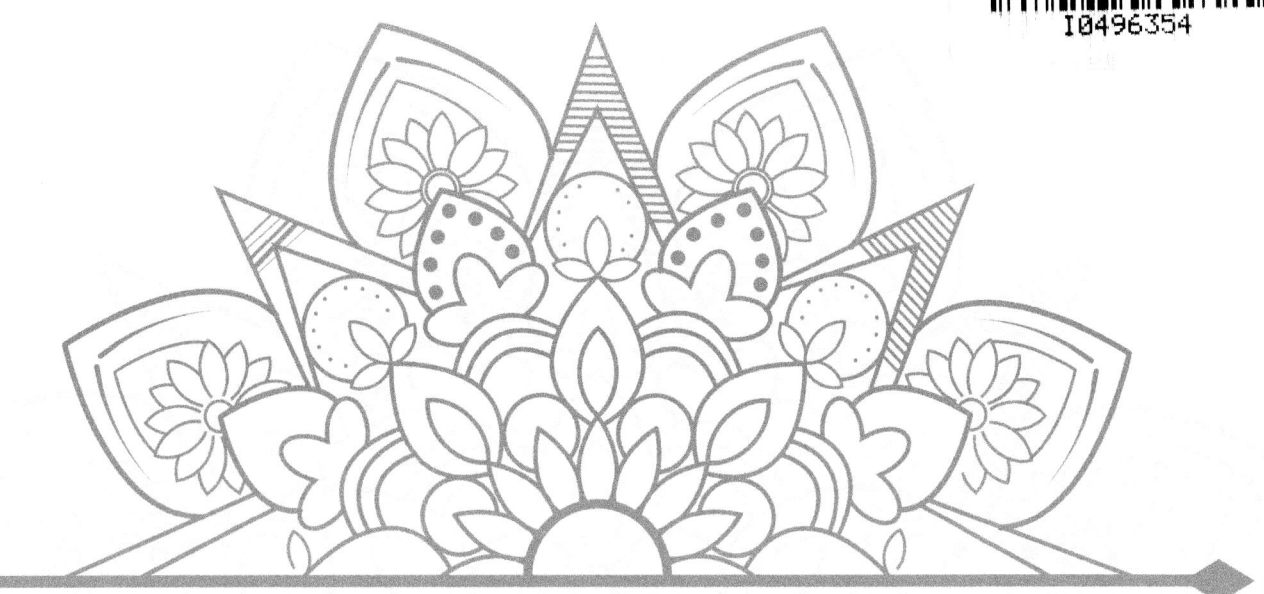

THIS BOOK BELONGS TO:

_____

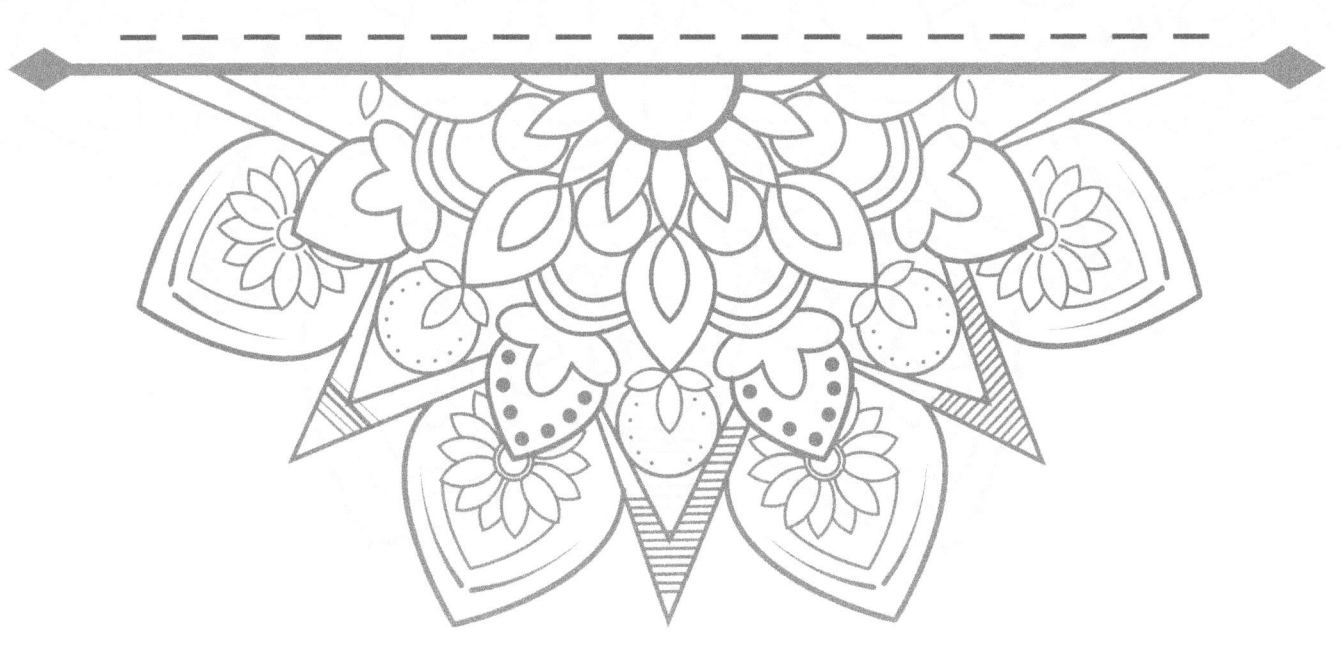

World's Okayest Hairdresser

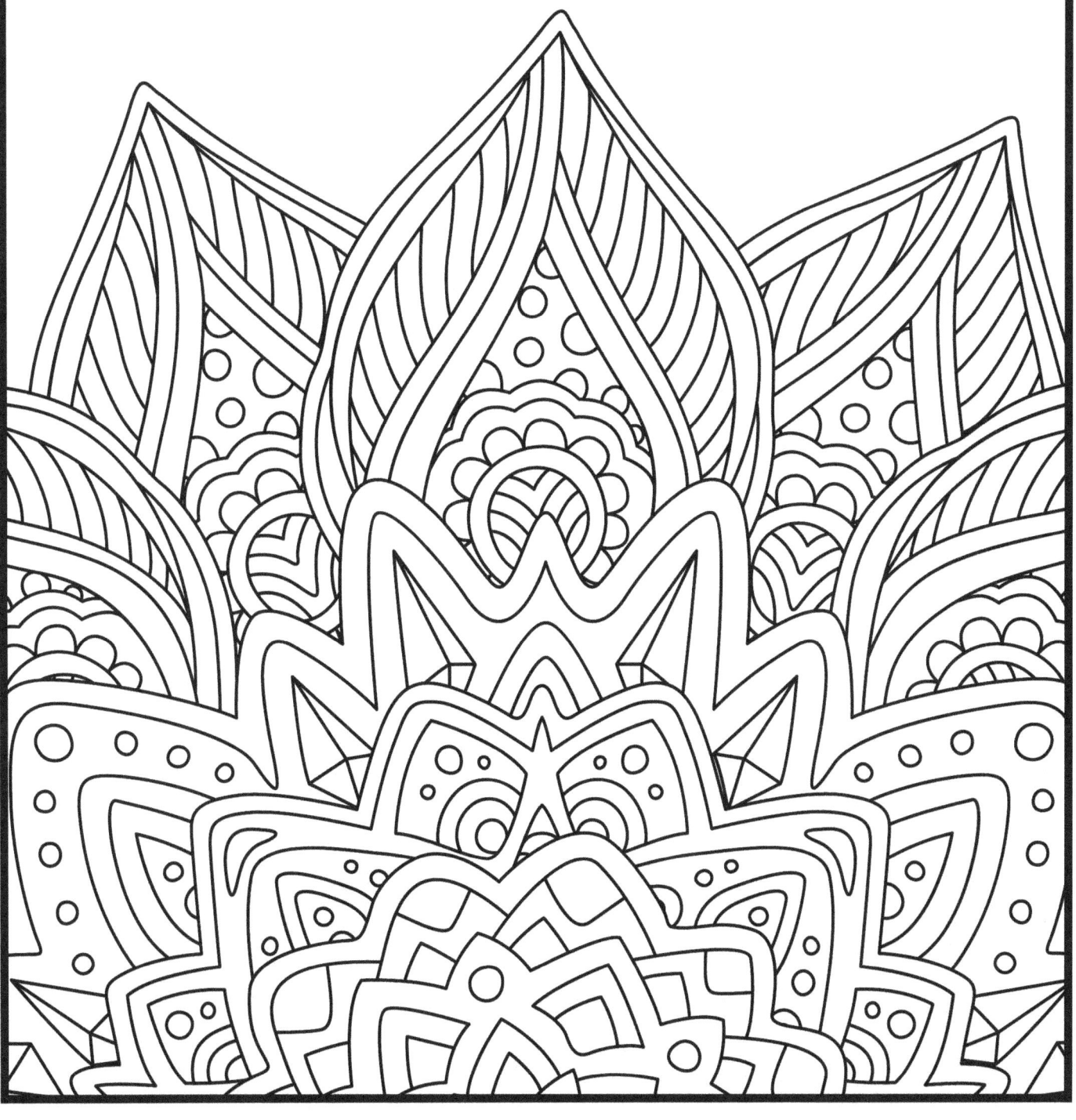

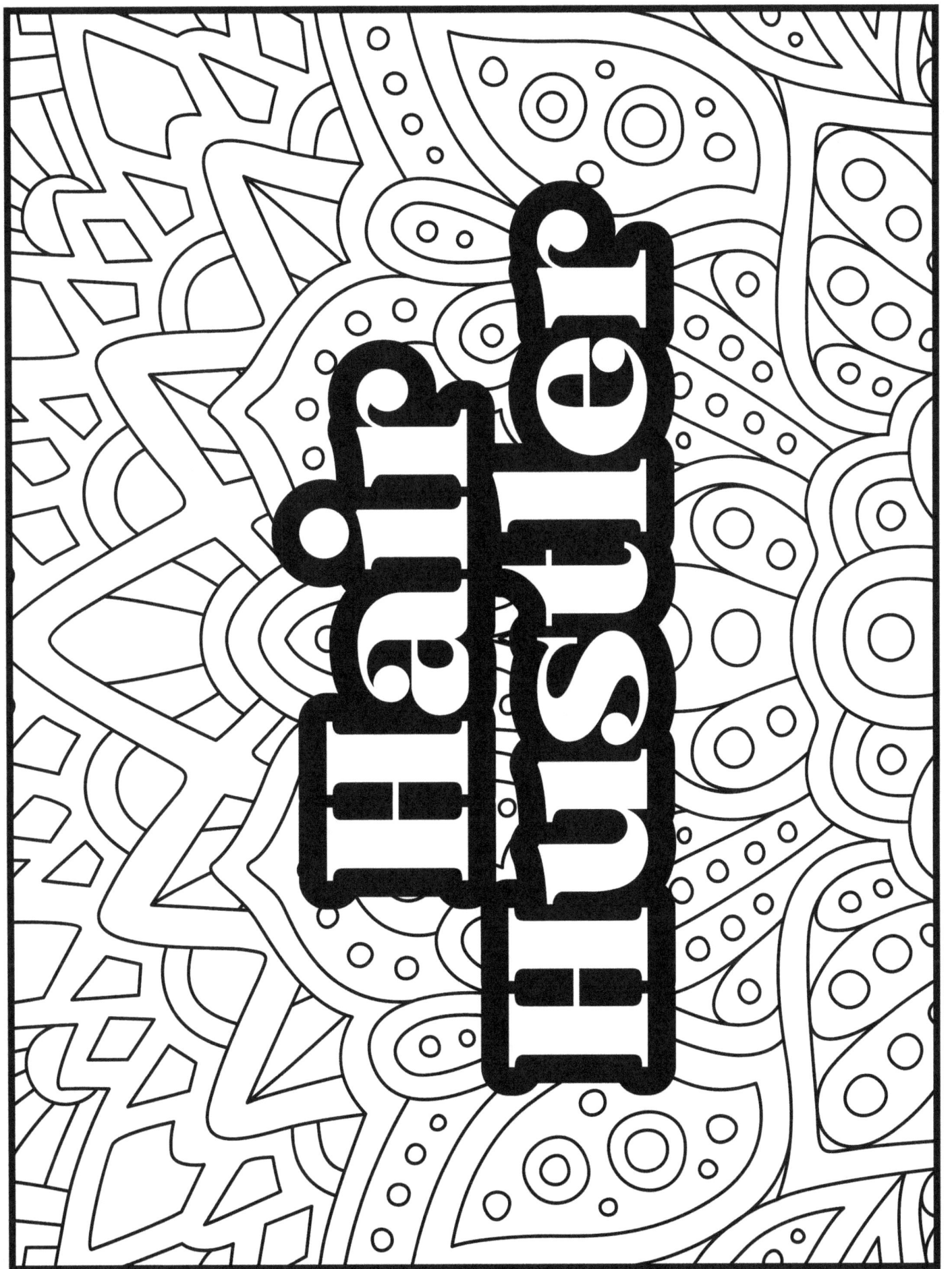

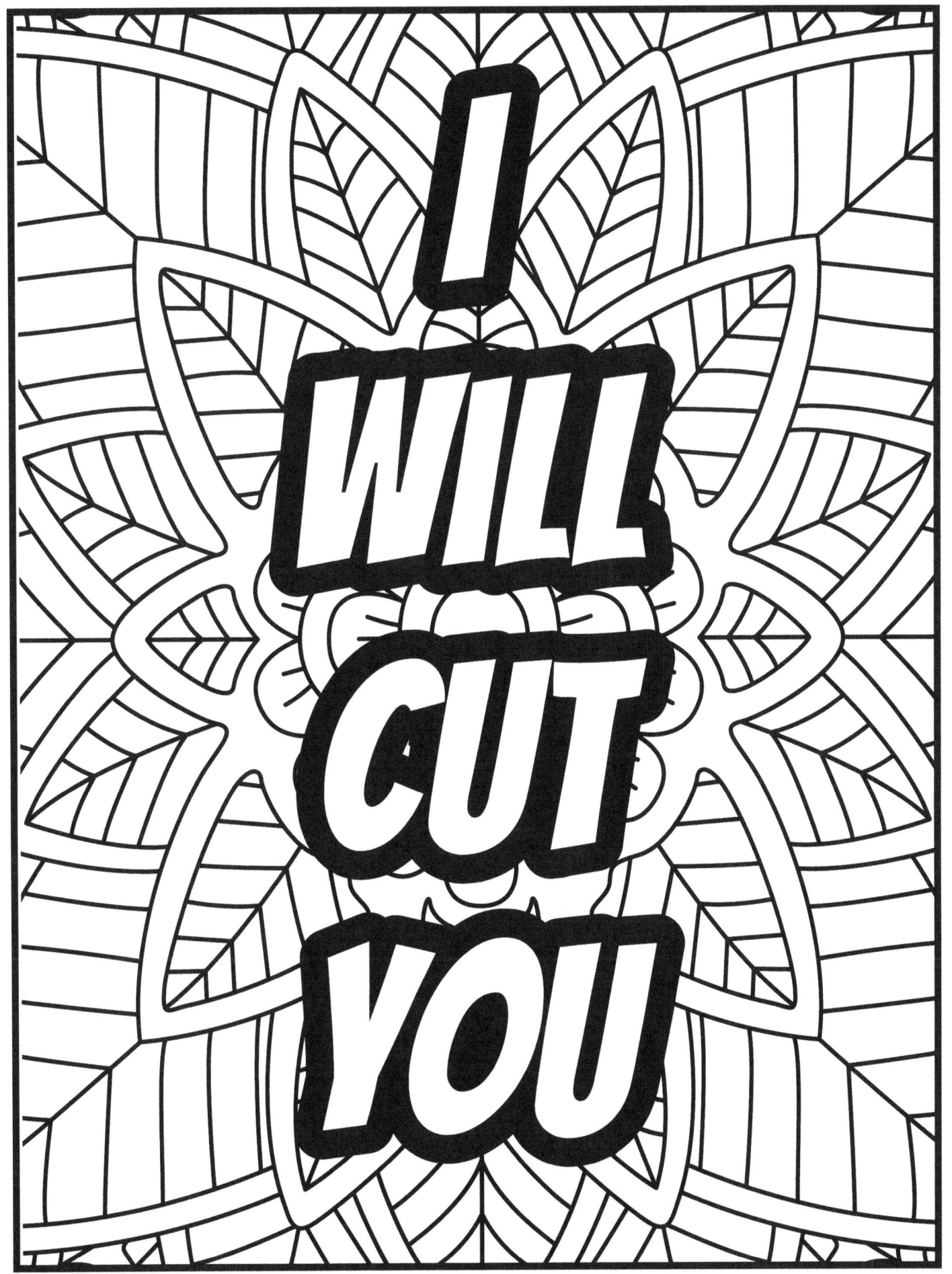

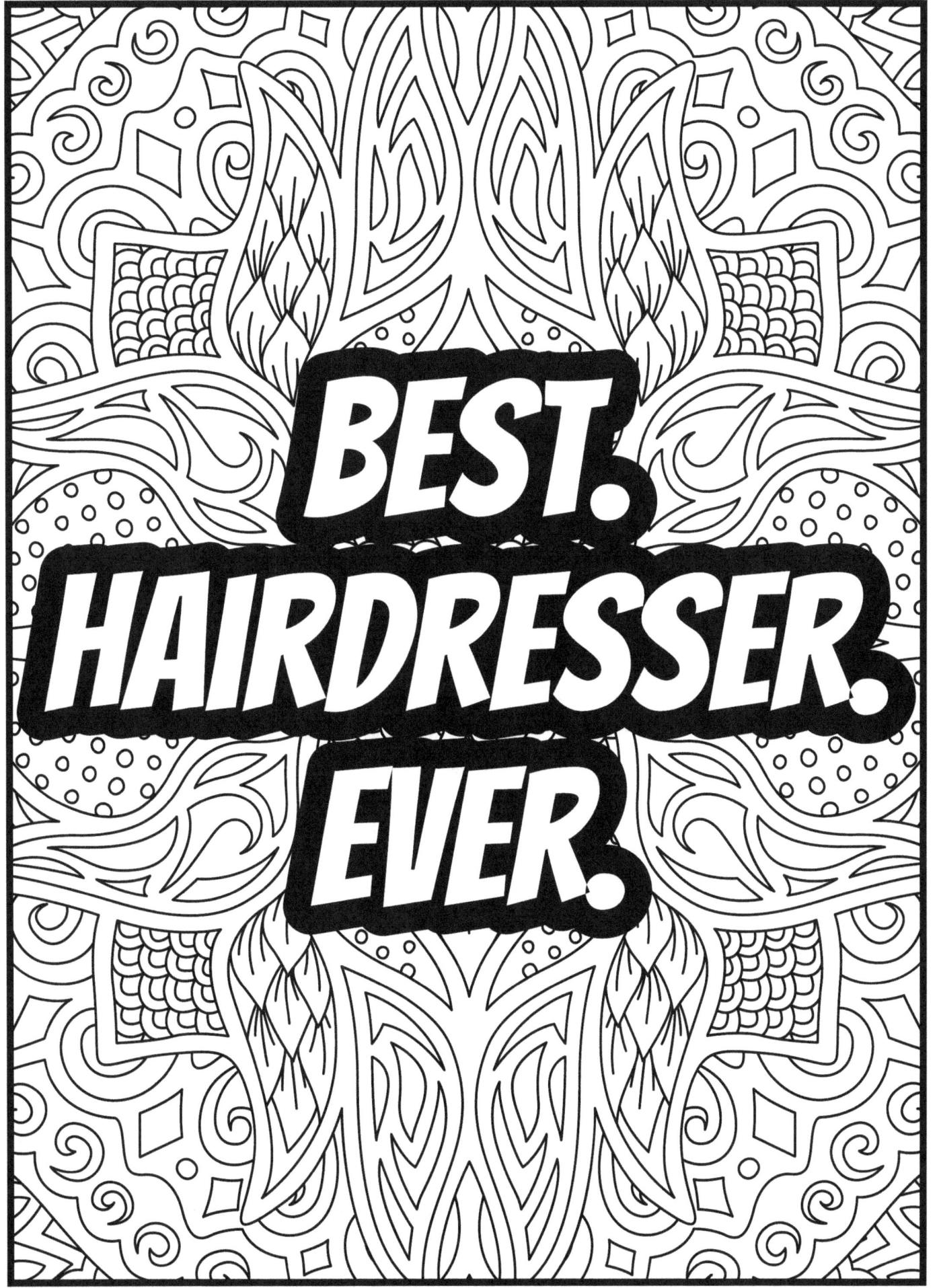

Silently judging Your Hair

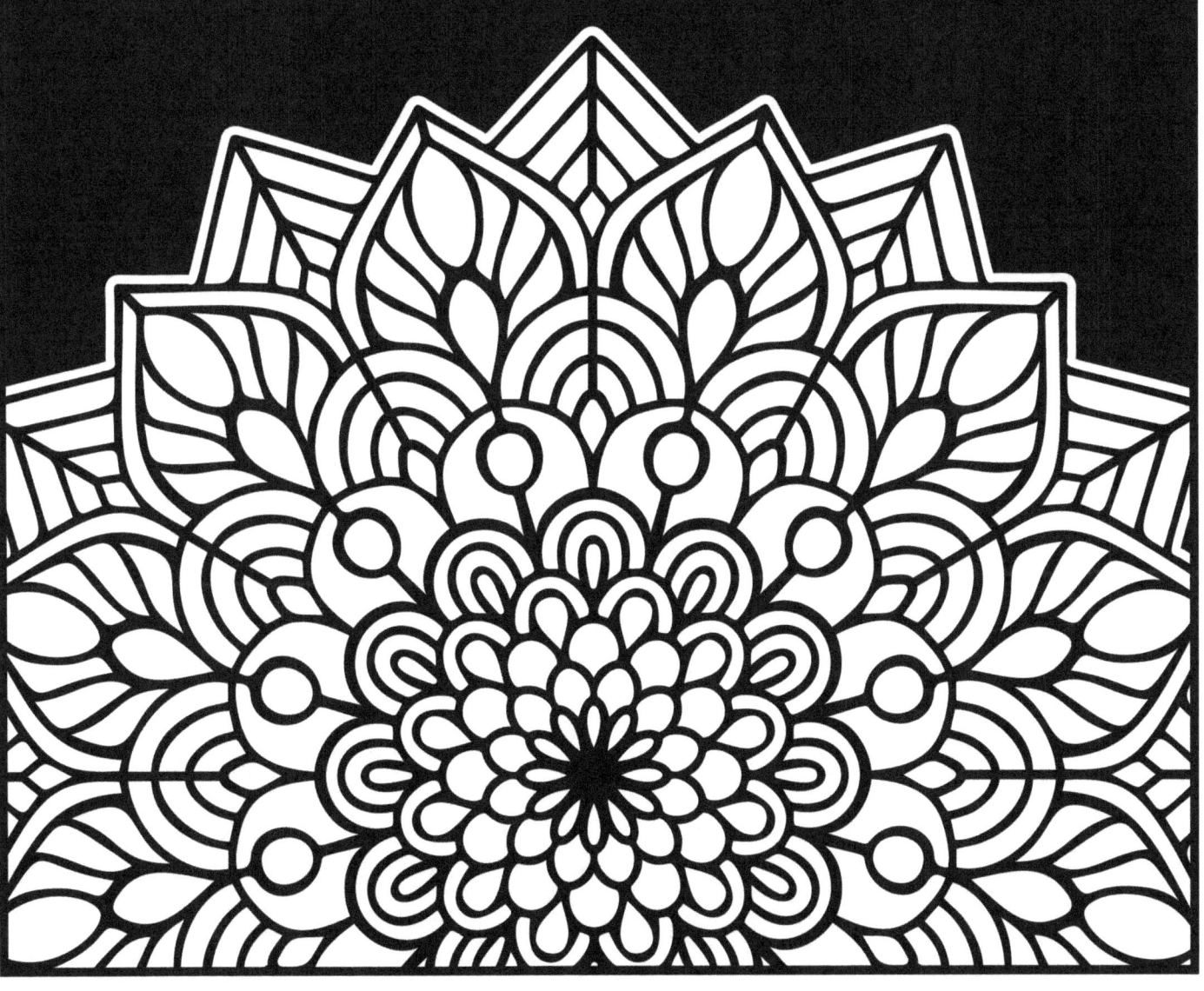

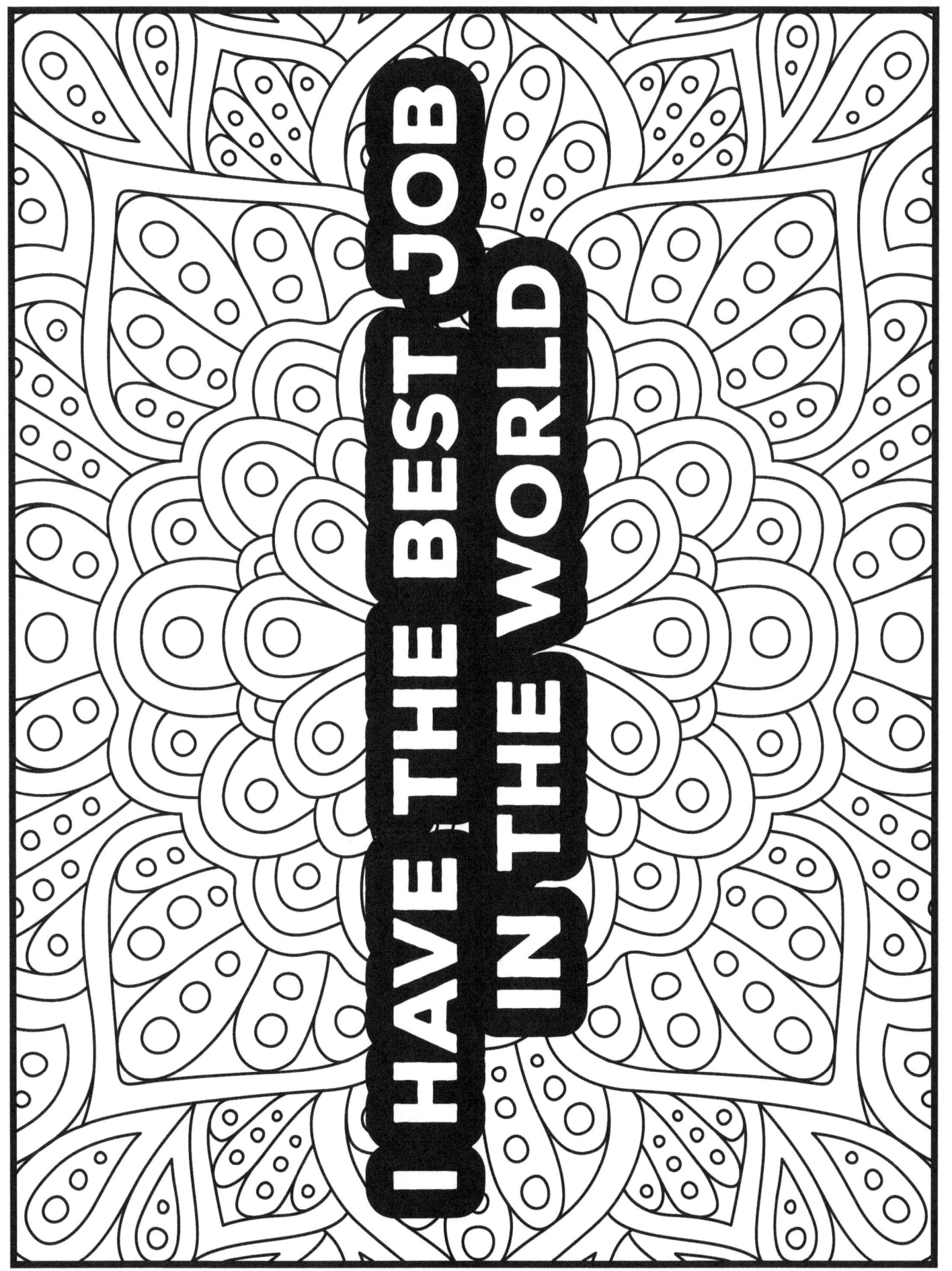

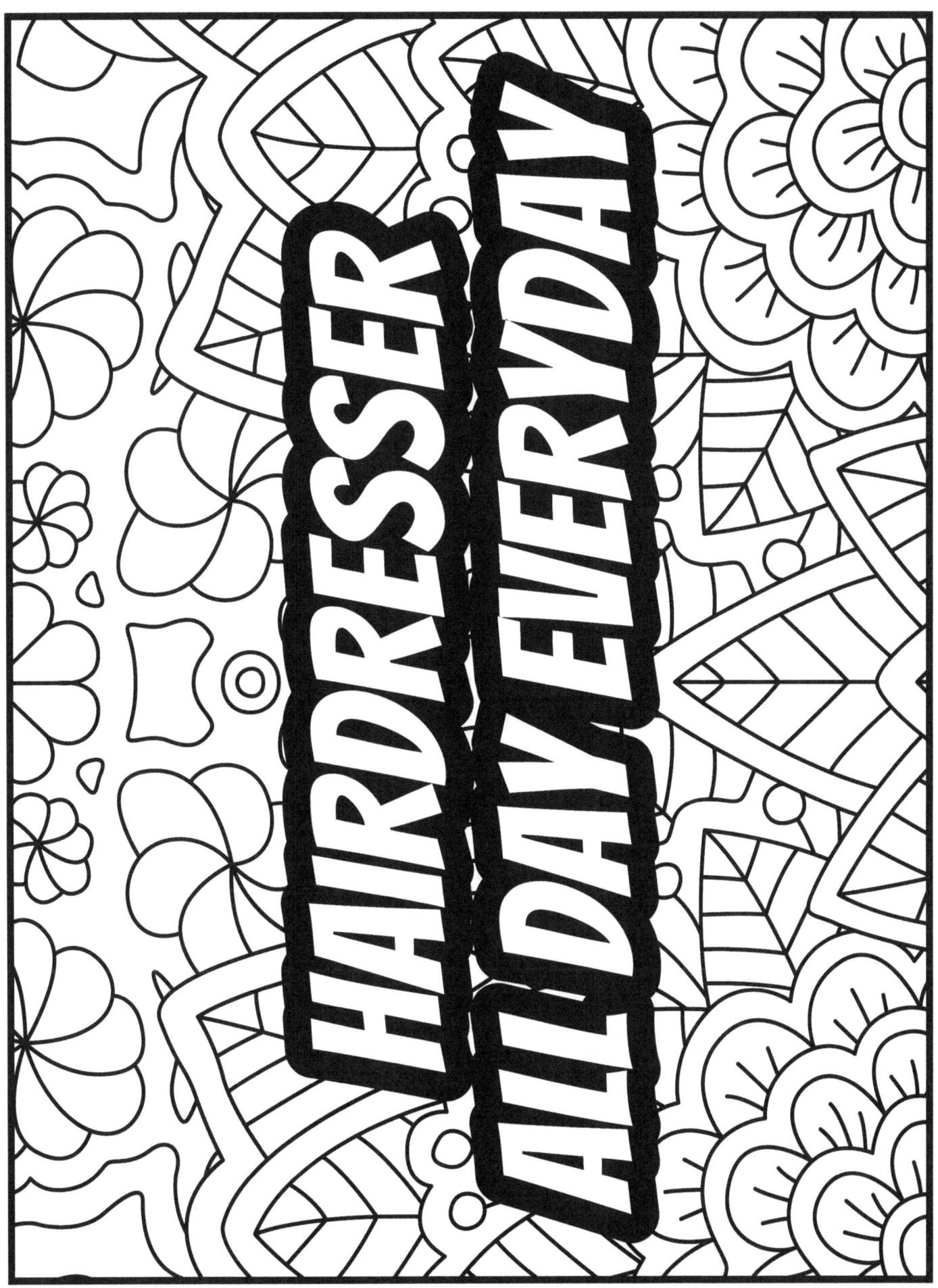

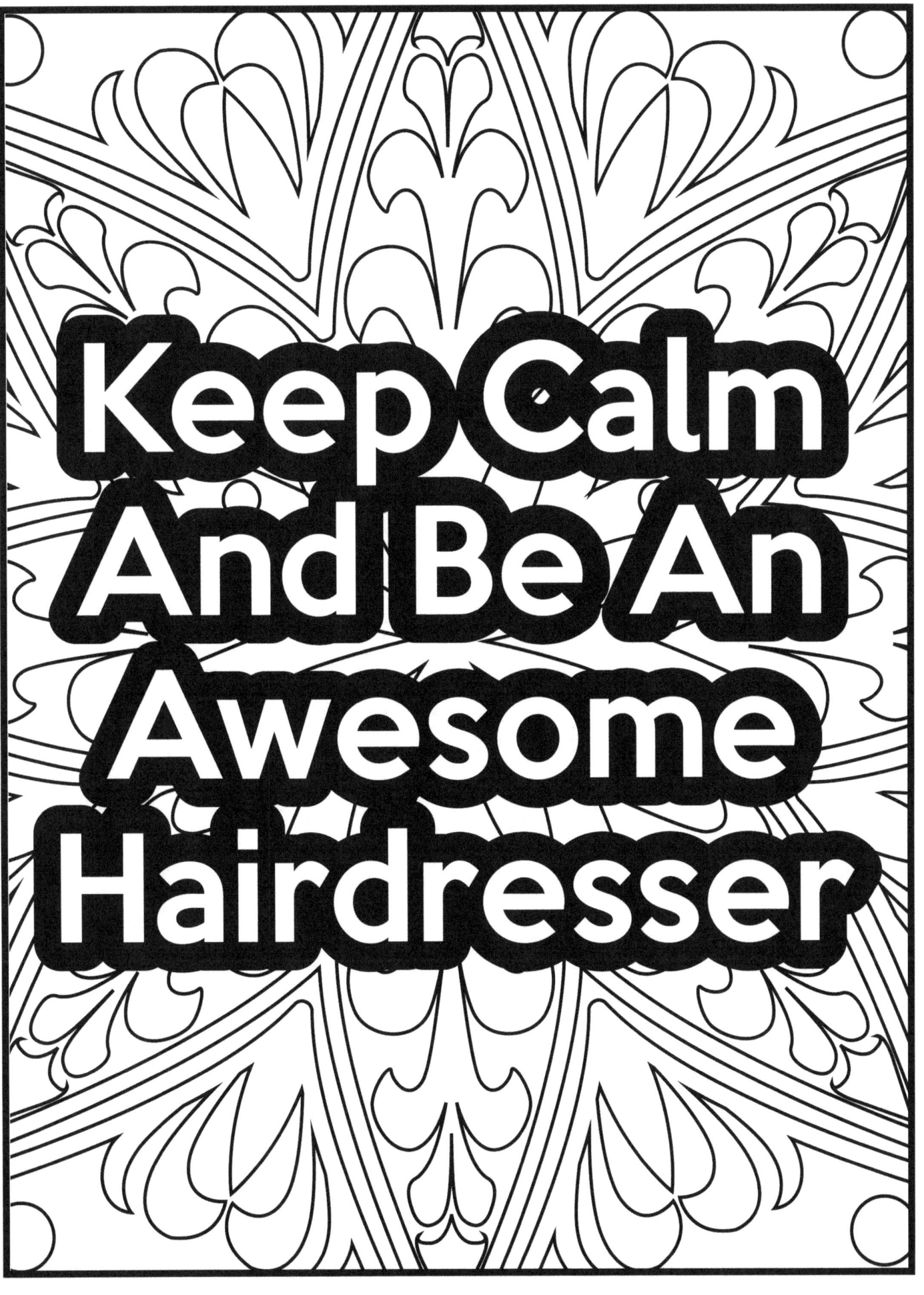

World's Sexiest Hairdresser

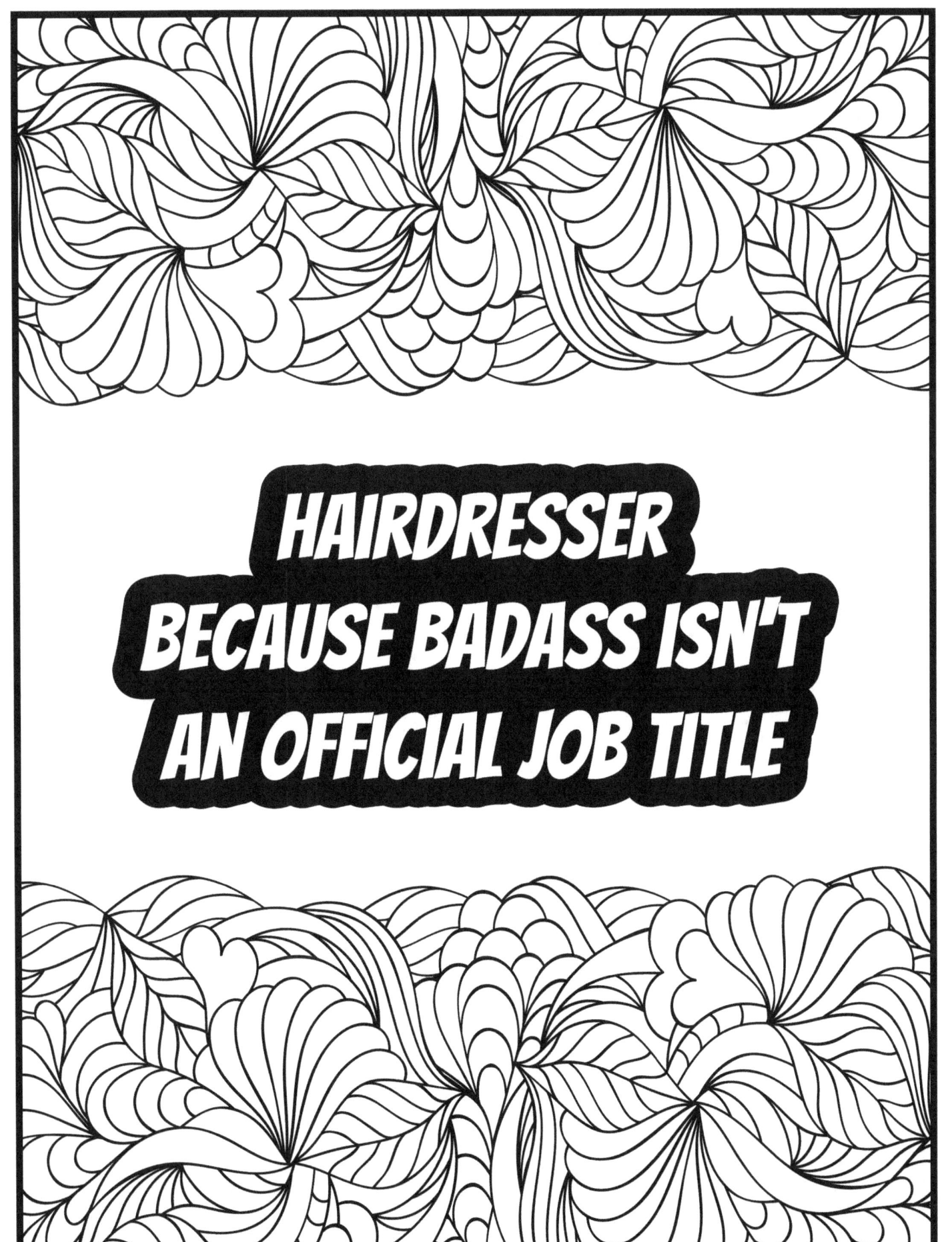

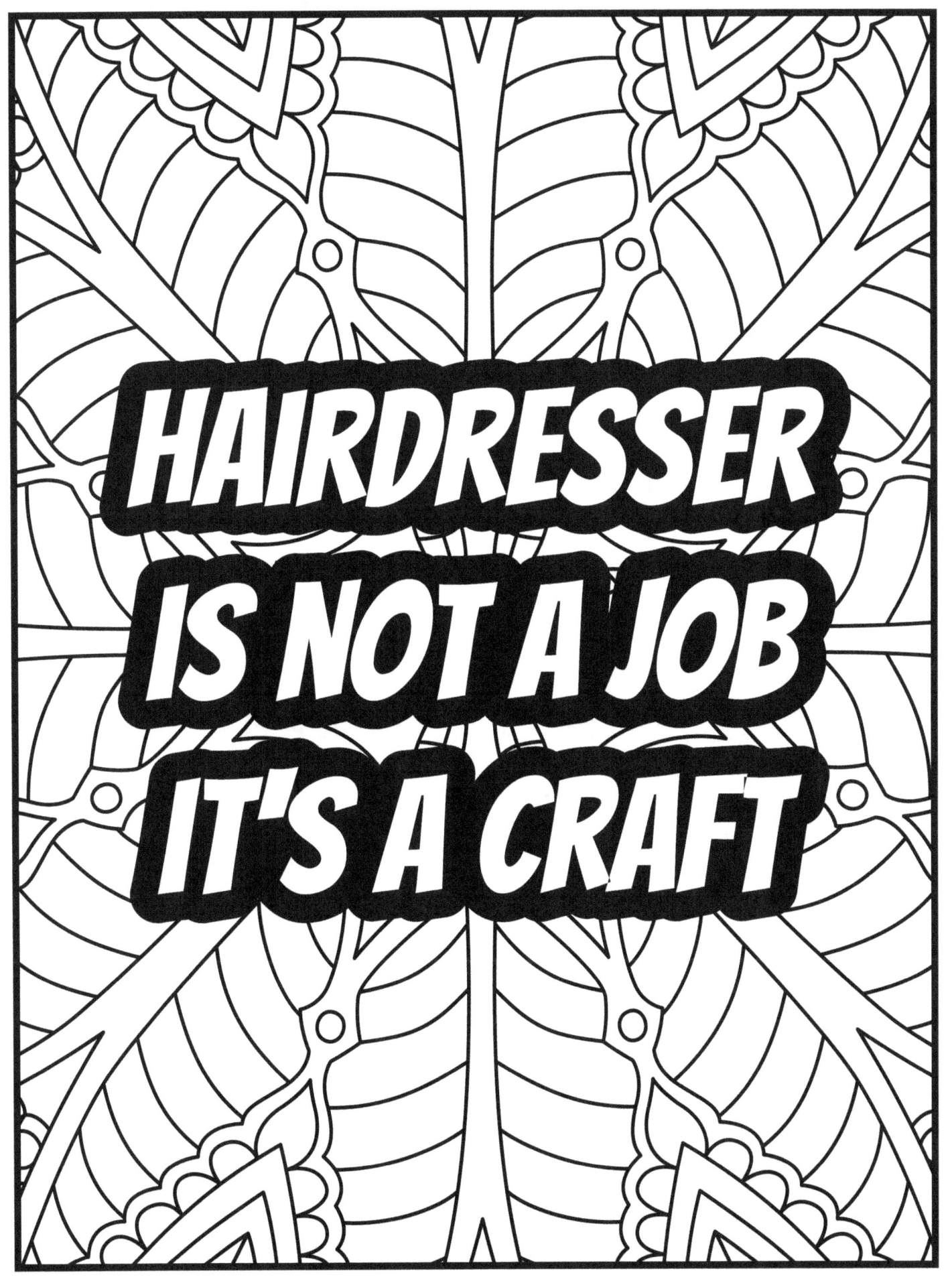

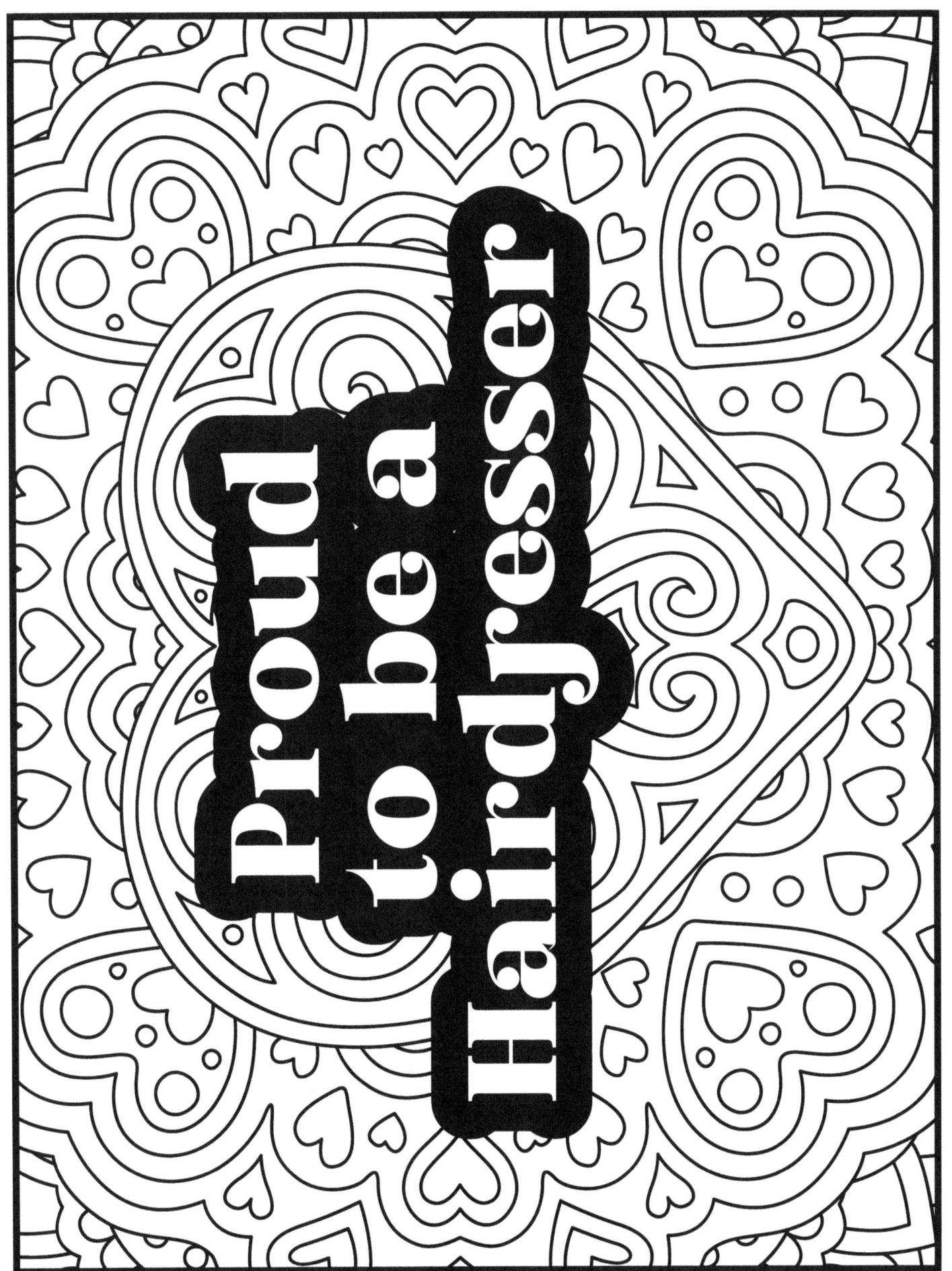

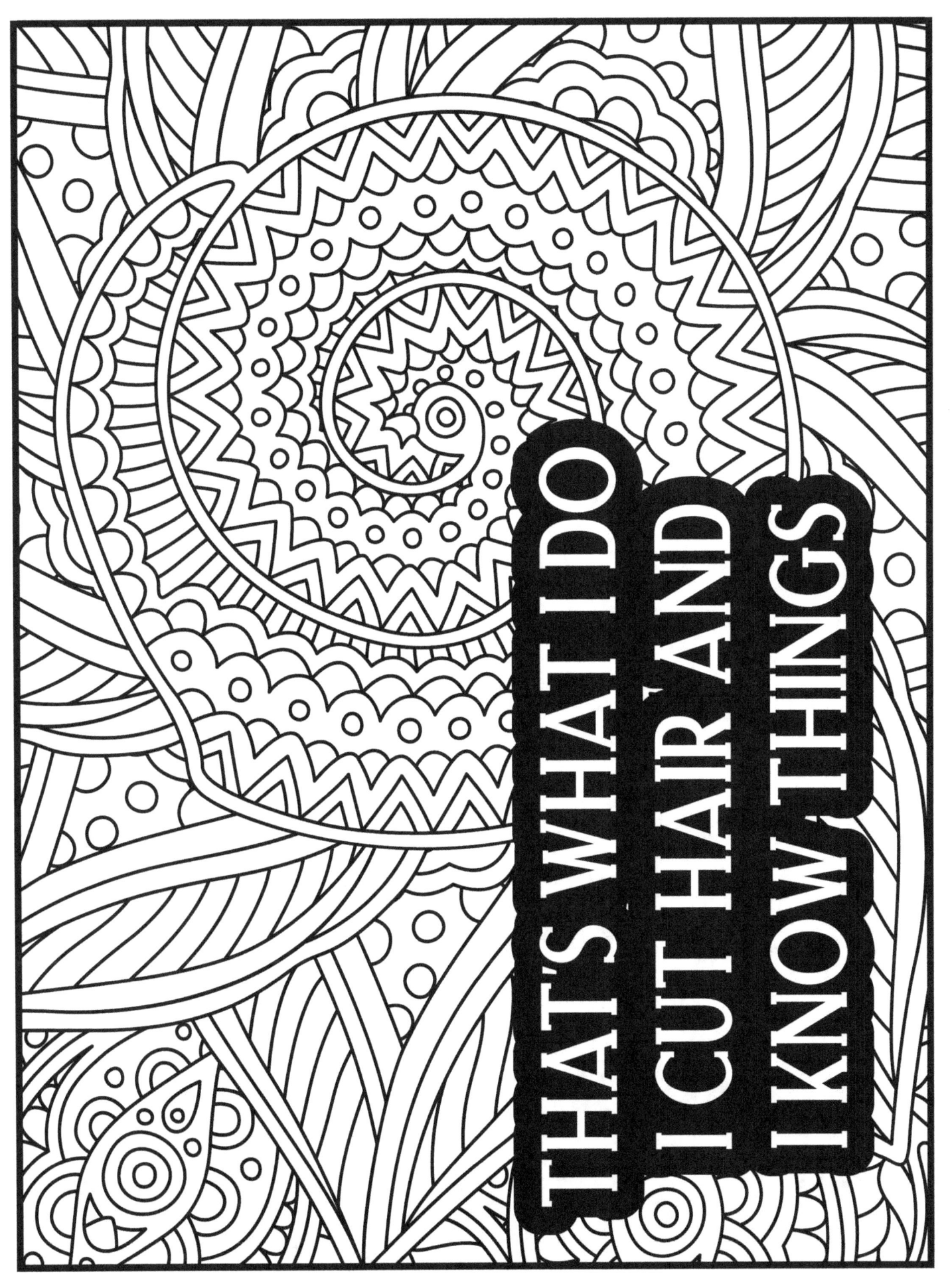

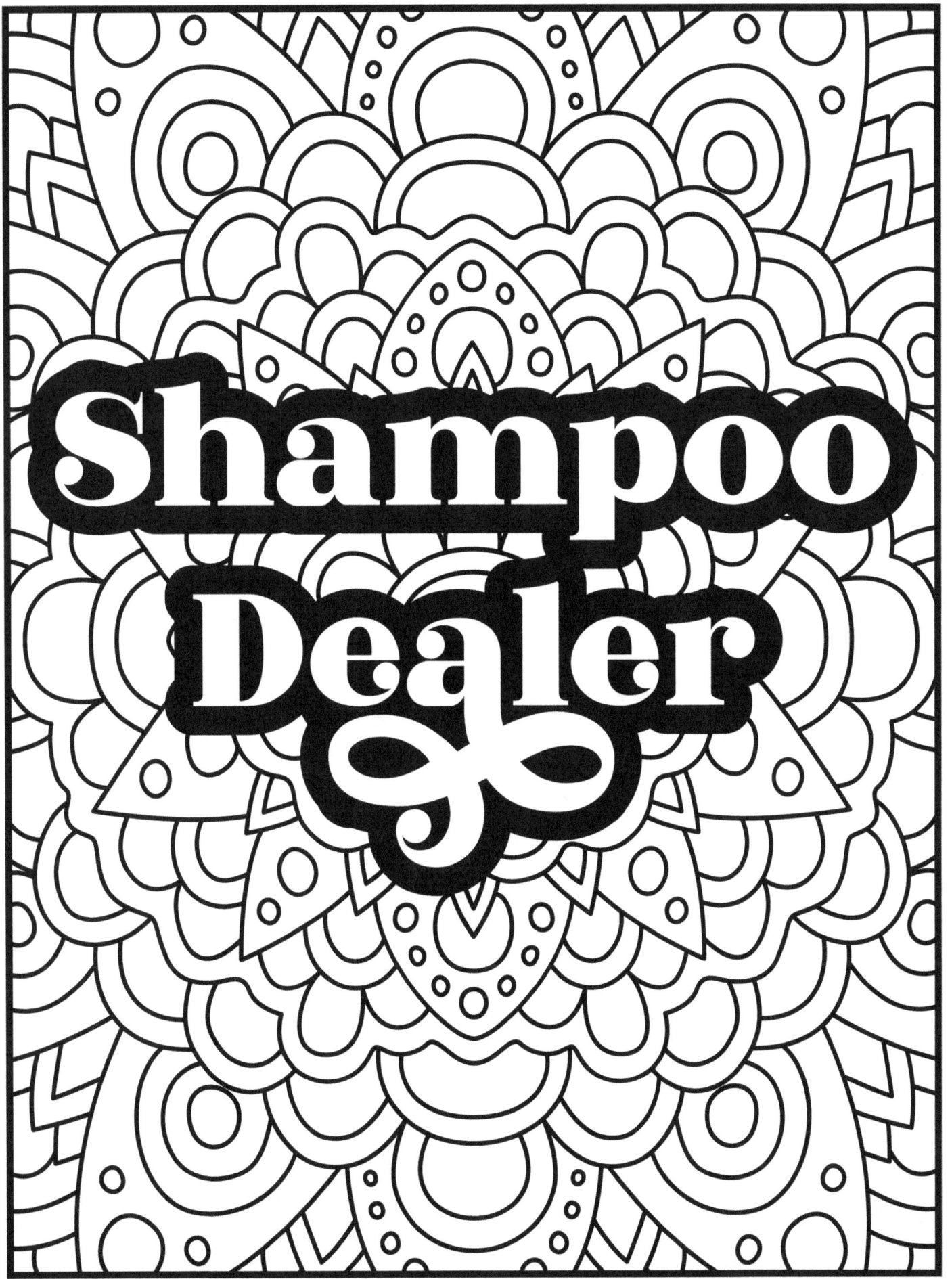

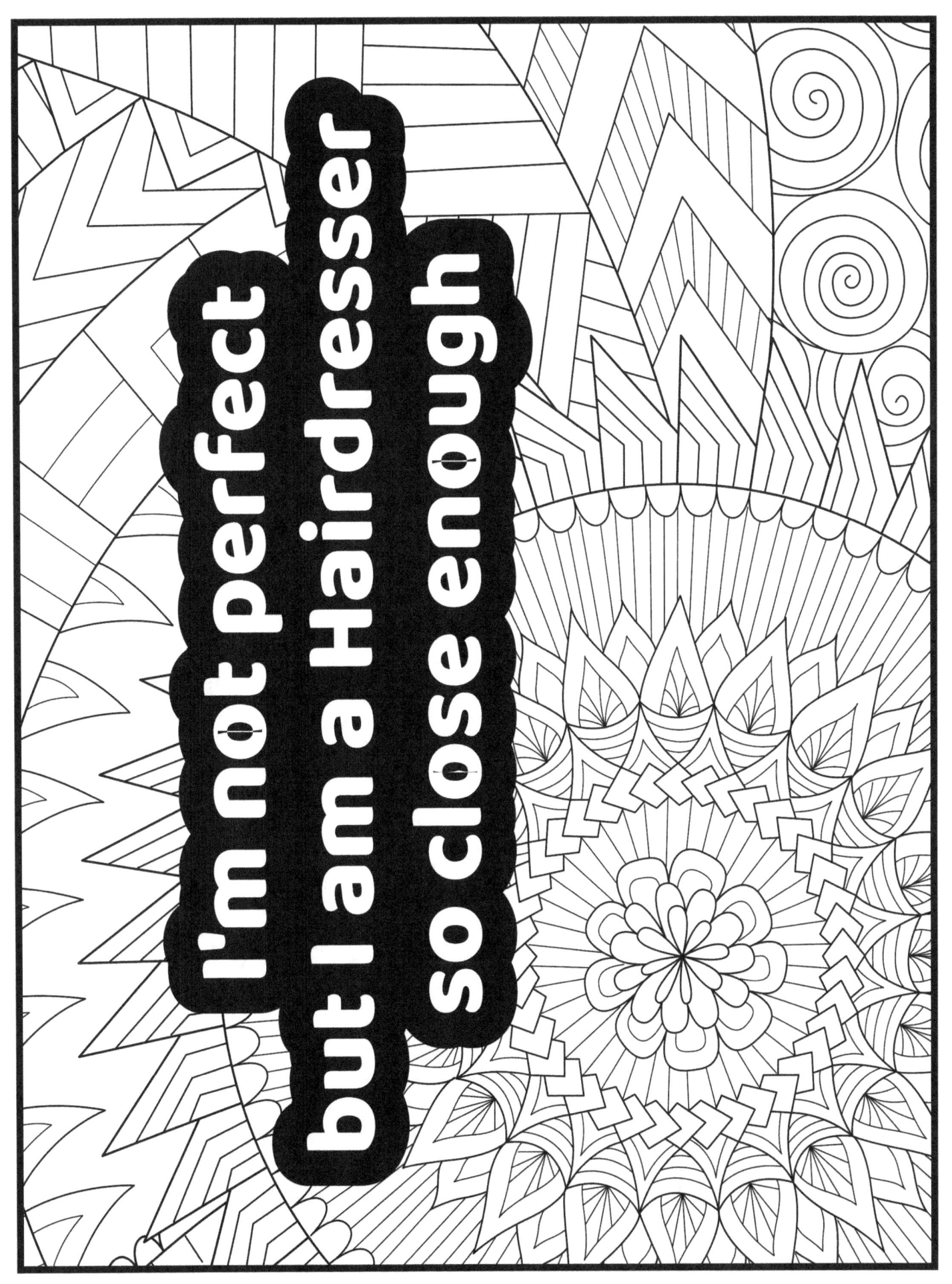

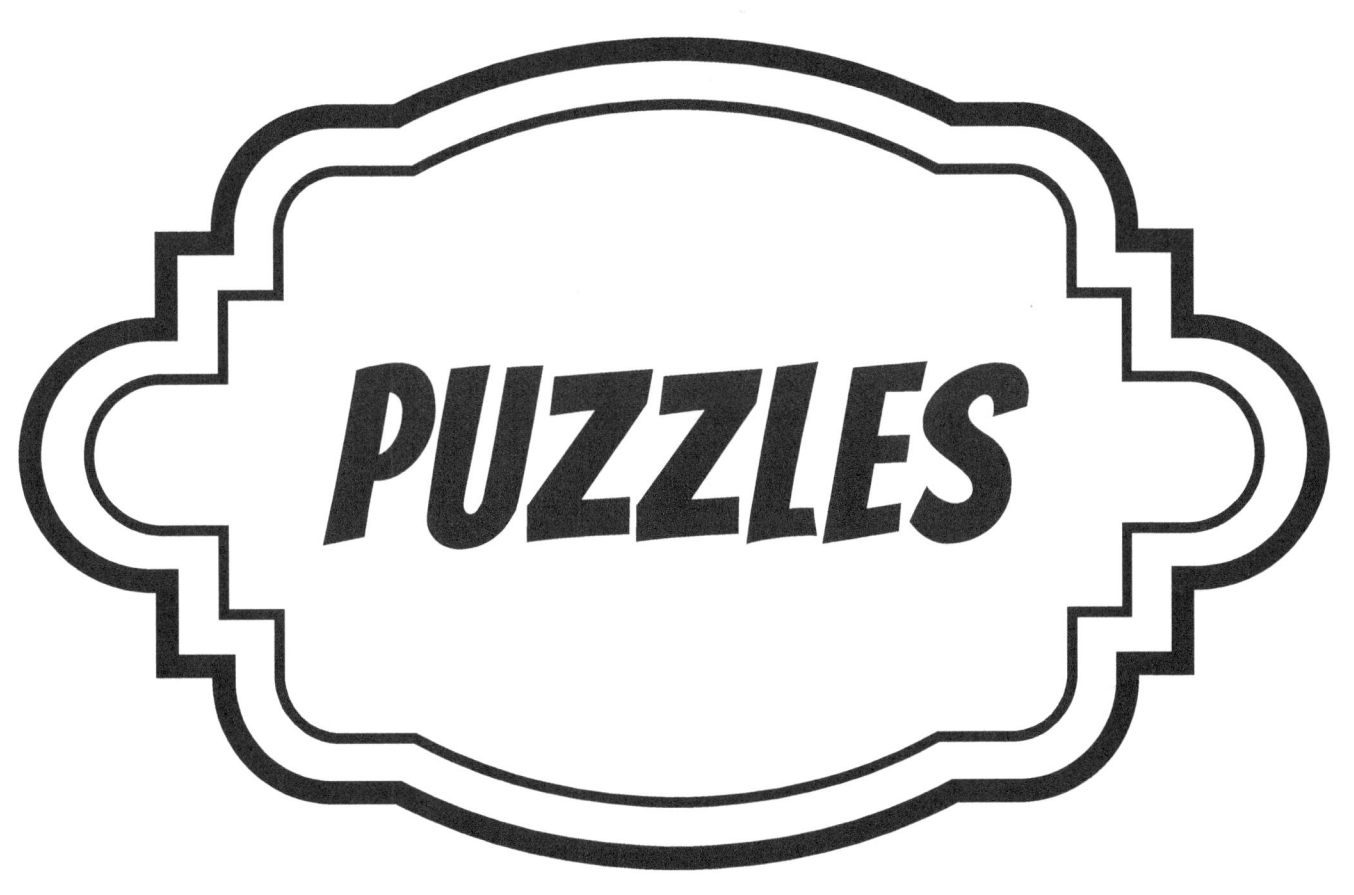

Puzzles created with the help of flippity.net

PUZZLE #1

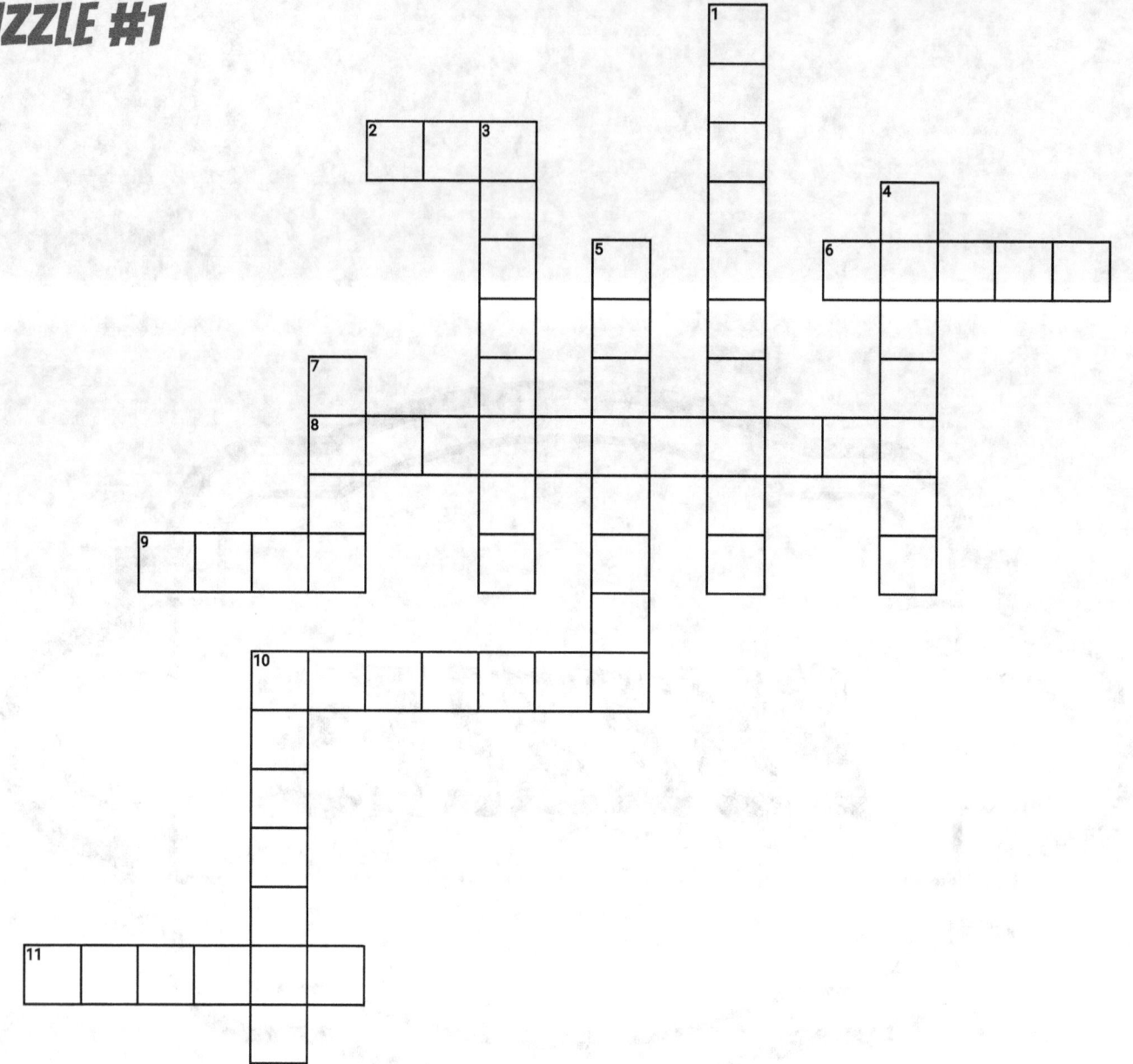

Across

2. Cut around shoulder length
6. Hair at the front that comes down over the forehead
8. Treatment for very tightly curled hair
9. Makes hair curly permanently
10. Hair that is cut short all over using electric clippers
11. Hair cut in different lengths

Down

1. Lightened in thin streak
3. Where dye is painted on directly
4. Hair that fades gradually from one length to another
5. Creating an overhang effect
7. A small amount of hair cut off the ends
10. Dried with a hairdryer

PUZZLE #2

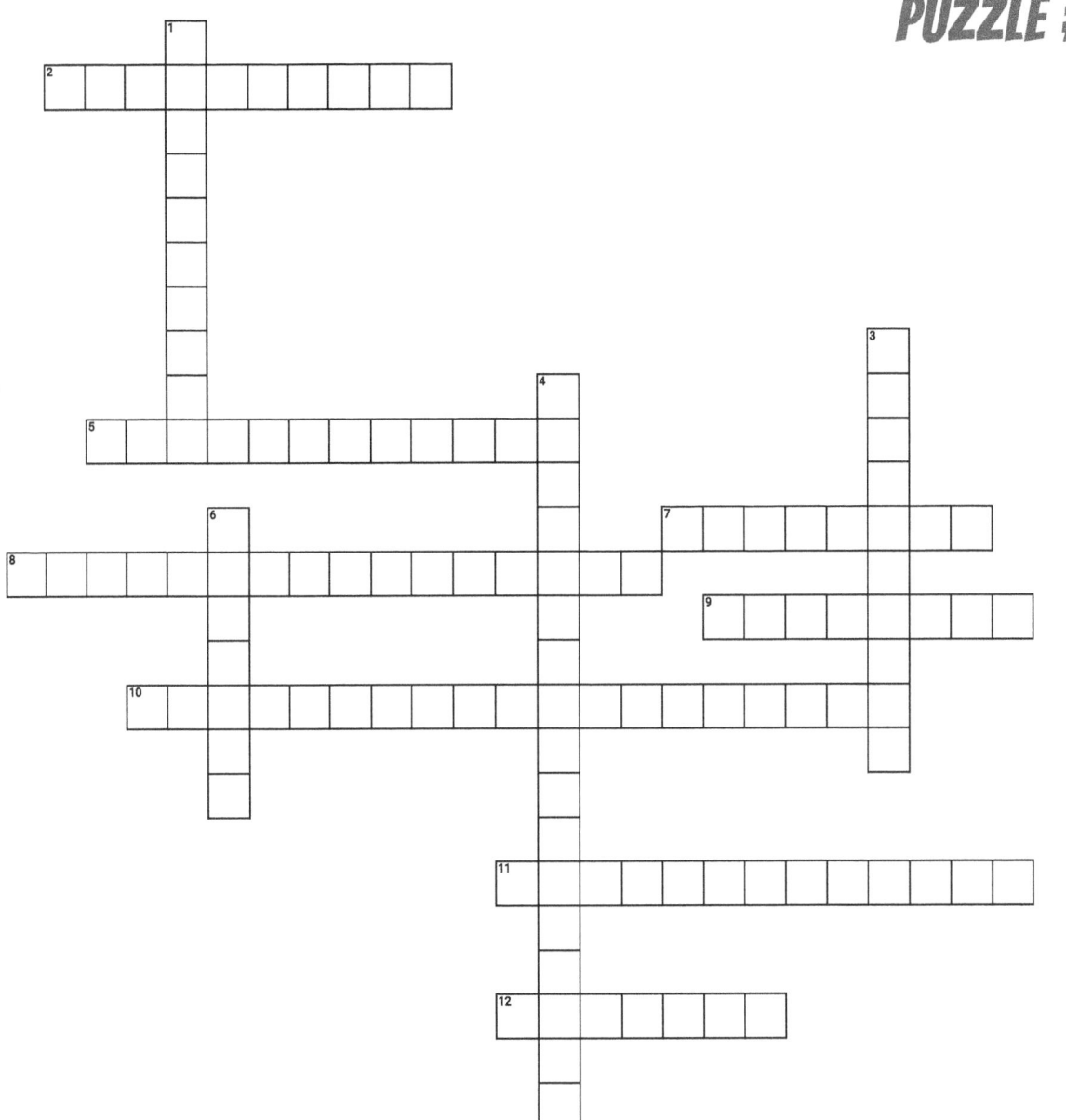

Across

2. A naturally occurring fungus
5. Pigmented hair on the body
7. The body's ability to fight or defend against infection
8. Premature or sudden hair loss
9. Boil or abscess of the skin located in the hair follicle
10. The direction in which the hair moves or falls
11. Direction the hair grows from the scalp
12. Disrupts a normal function of health

Down

1. Also known as Vellus Hair
3. Dividing areas of hair that can be managed
4. Hair is susceptible to breakage
6. A strong, fibrous protein

PUZZLE #3

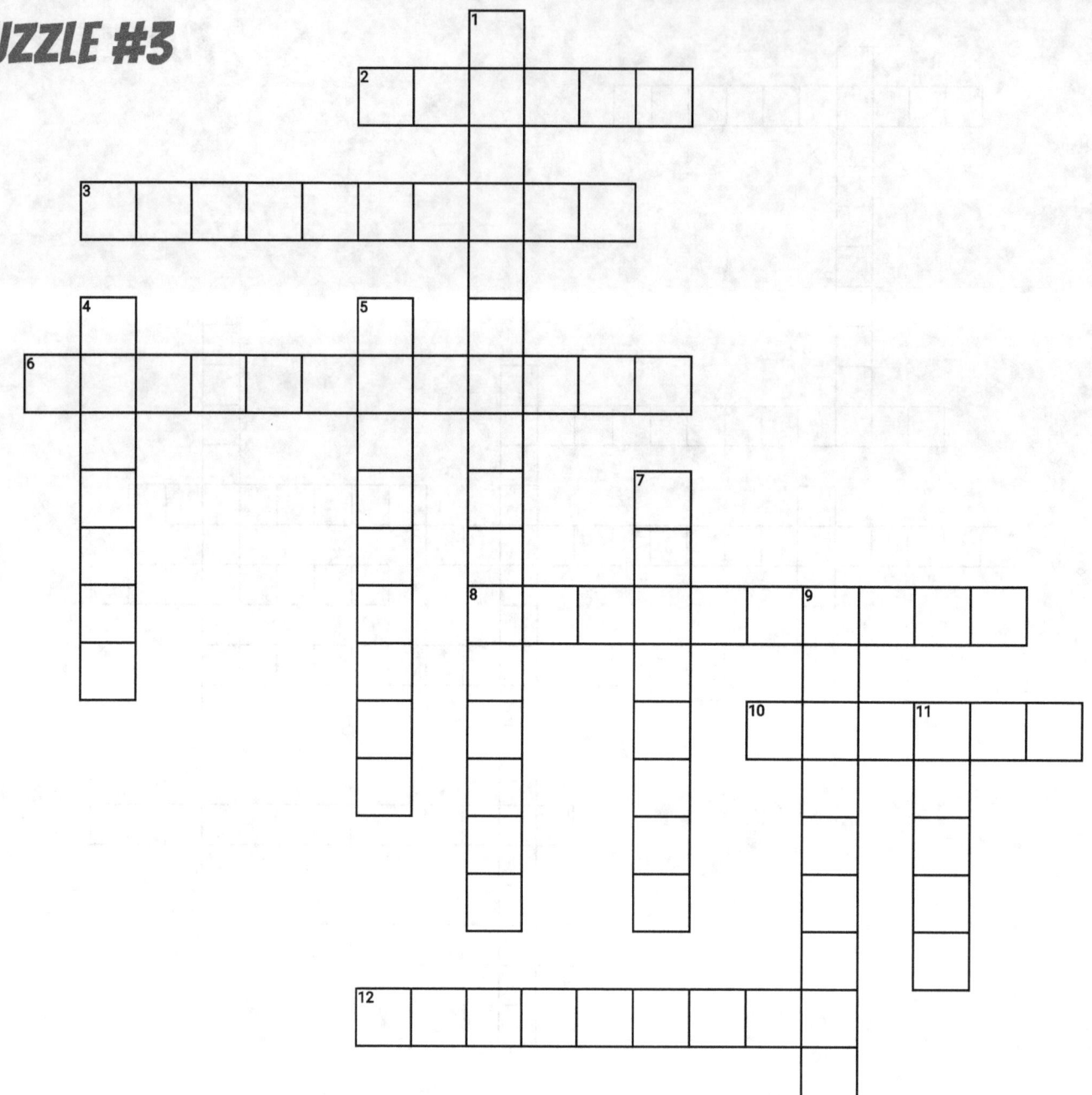

Across

2. Largest section of a single hair
3. Provides the skin's protective coating
6. used in with other chemicals in permanent hair dyes
8. The building blocks of hair
10. Main bulk of the skin
12. Synthetic weaved close to the scalp

Down

1. Designed to add strength and elasticity to the hair
4. Ingredient used in some permanent hair color
5. Use to enhance color
7. Flaking scalp
9. Deep cleansing process which strips the hair lightly
11. Non-shiny surface that absorbs light

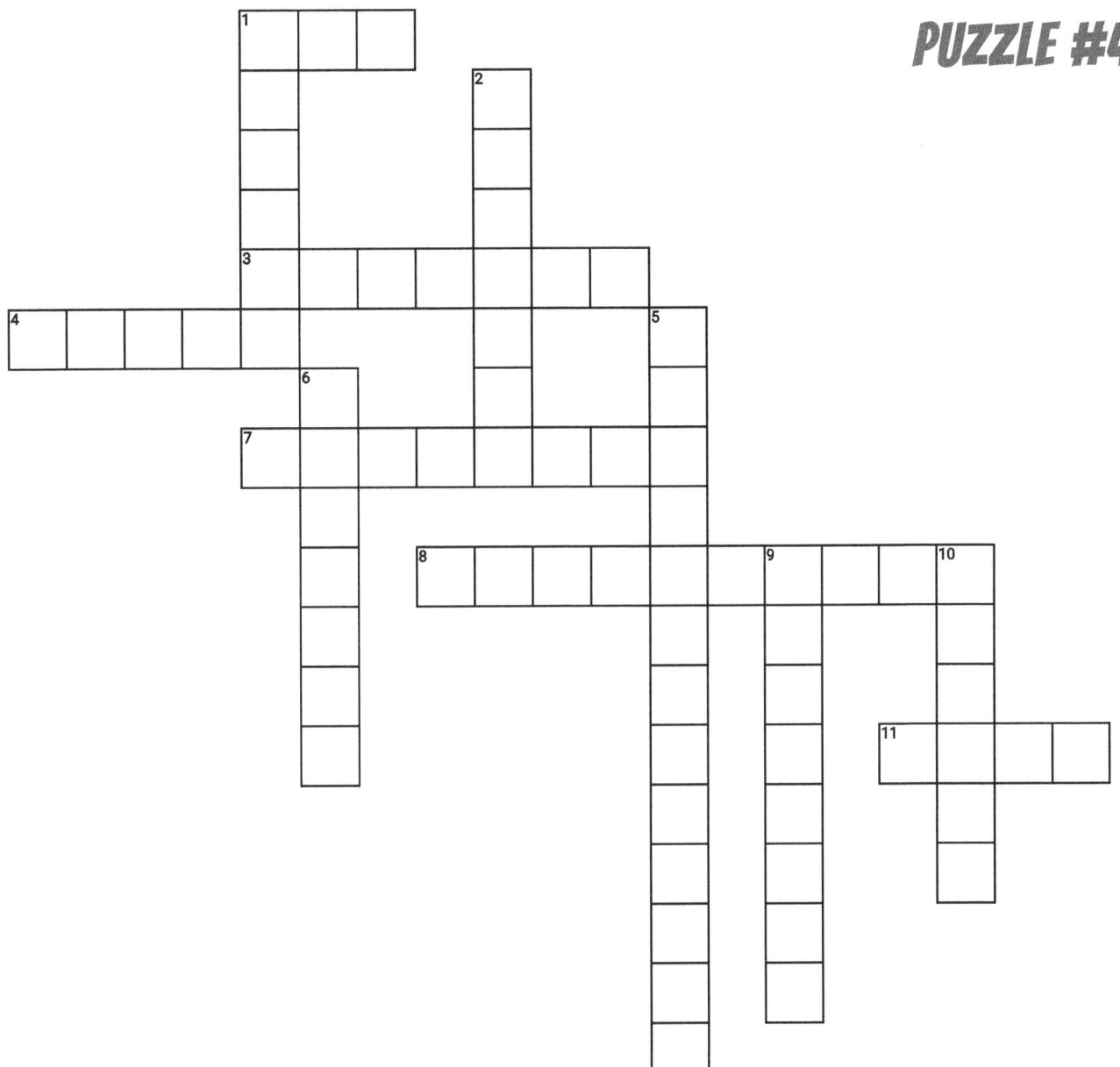

Across

1. Pulled into round knot
3. The number of hair strands per square inch on the scalp
4. Used for highlights in order to separate the highlighted parts
7. Abnormal hair loss
8. Reduces infection by decreasing the growth or microorganism
11. Highest point of the head

Down

1. Multiple plaits tied
2. Outer protective covering of the hair
5. Large diameter or width and feels thick
6. An immune response or reaction to substances
9. Short and shaped to frame the face
10. Not cut smoothly

PUZZLE #5

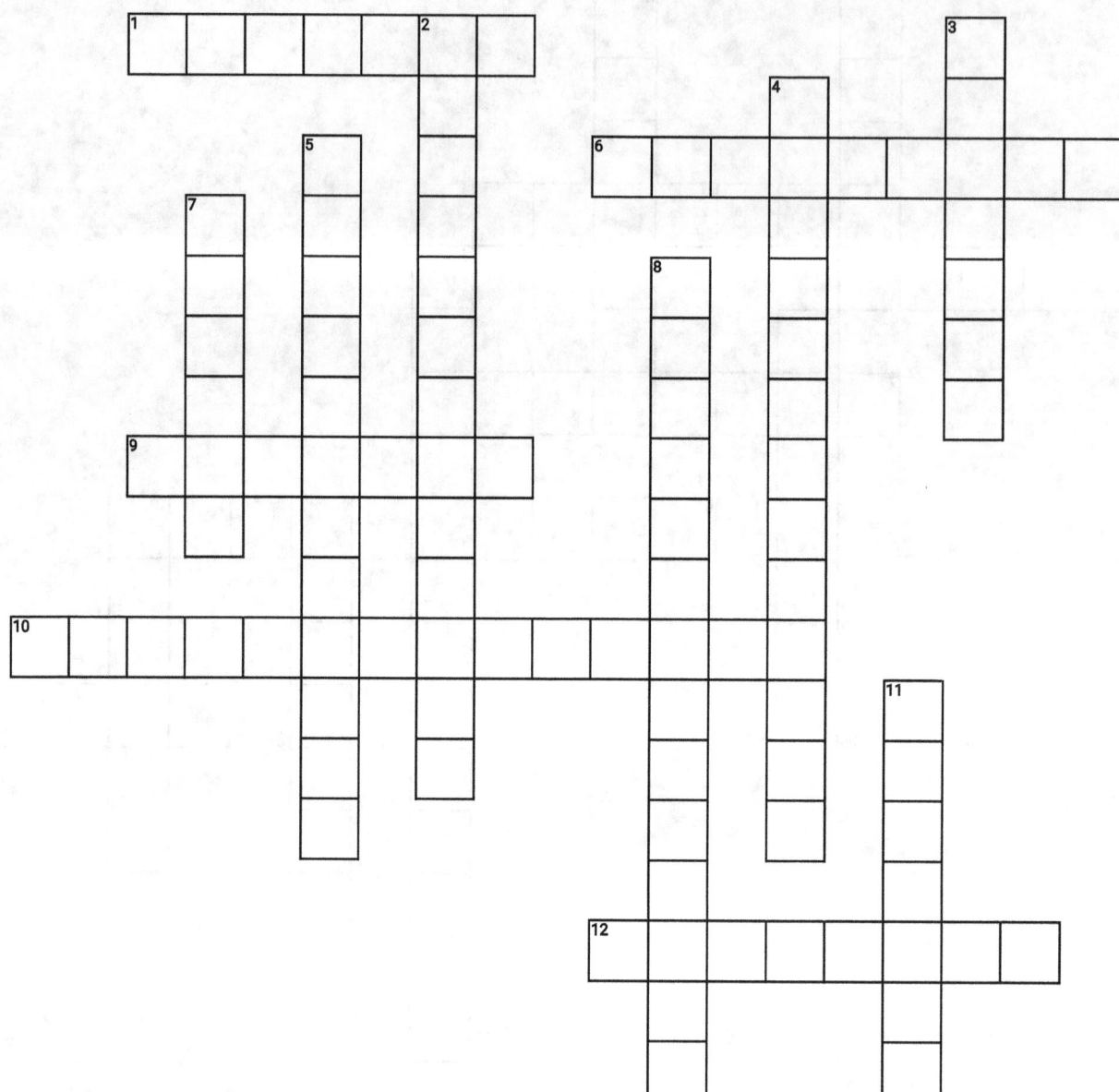

Across

1. Cutting off of the relaxed portion of all hair strands leaves naturally curly hair
6. Shattered, uneven lines that visually connect movement
9. Resting phase of hair growth
10. The process of converting living skin cells into hard proteins
12. Club-shaped part of hair located at the end of the hair root

Down

2. Cutting technique where hair is lifted and cut over the head
3. The period of break down and change of hair growth
4. Process involves growing out chemically relaxed hair to natural hair
5. Pocket in the skin that contains the hair root
7. The period of active hair growth
8. Patchy loss of hair occurring on the scalp or other parts of the body
11. Quality, feel and arrangement of individual hair strands

PUZZLE #6

```
Y B W T E C I V R E S M E K C I S
Z S N I V W P M P O H Q E A U K F
Q T T F O X Y J S E M W X I P T E
U Y V N L T D Z H C R H B T Z B O
L L X S L R U C N I P O W D L L V
D I U Y F Z G C Z U H O X X L S G
B S D Z F Q I N R W Q S R I Y K Y
W T C O B C M Z V I F E B O D B V
Z G N I B M O C K C A B M P L E B
Y D E L C J A B X O W H X L A O C
Y M X T F L R N Q B F N M W N C C
K L I S A T I S F A C T I O N C S
I W A B D H C A E L B F V T Z G P
D C I C Y P A R E H T P L A C S M
L U O C T L Q L R U C R Q R F U L
S C K M P V T N E I L C G Y B Z B
K Q N J B J S X U K S E H S U R B
```

Haircut   Peroxide   Scalp Therapy   Backcombing   Brushes   Bleach
Stylist   Pin Curls   Satisfaction   Comb   Service   Client   Oil   Color
Curl

PUZZLE #7

```
L J I F F U R D N A D I T N A I E
C C K C T S T E M V I Q S Y J V Y
L L O P W Q L U X T Q R R B H V C
A A W I Z G K T U C Q D D I A R B
Y R H Y G I E N E Q S R Q P O R C
S I E X B O I I Z K O F N D B J B
X F E N X Z D N J Z R D G I V R V
C I D R F L I D A U Y E O N I S M
V E R I L E D R E E V F S T N Y Q
K R Q Q T E I Y F A S R T D Z Y M
S W E O S O S J W K A L X S N Y T
P M R V R E O W H E E K O K W D L
I P B I S S R V H N B G H Y N C V
S E Z H D M D S A M C I I A N Q M
E T W B X L E S Q X S W T U U E N
I S Y H V G R A J R U D O Q G O L
F L A N O I S S E F O R P U E C N
```

Anti Dandruff   Hygiene   Brittle   Razor   Cut   Braid   Dye   Protein
Stem   Clarifier   Wave   Professional   Disorder   Shears   Dry

PUZZLE #8

```
H A I R W A S H I N G L A H P H H
D I F F U S E R R M Q R M P M R E
T D R Y V A A Z Q V Q W Z L S G P
N C E L V E Y A R P S R I A H E Y
E X L M V O L U M E X X P R R Q M
C H X I M I T H I N N I N G R W E
C M E H P I G R F C W W F R X J D
A E B U R S R H T W O R G R I A H
Z L L J L T B T B U S B U C Y T I
L C A Z C Q C S D P M K J J X J D
Q I D G N I R E Y A L I U P L E L
E L E U Z D E L A M S O U G Z T A
R L T K I U F F W W S C T R R W B
Q O H G N I C N A H N E R O L O C
Q F B G E H I M L A N B O U J O X
M H Z H D A N D R U F F X S L U W
R K S E L T S I R B L A R U T A N
```

Color Enhancing   Accent   Thinning   Hairspray   Follicle   Diffuser

Hair Washing   Clips   Dandruff   Layering   Volume   Natural bristles

Trimmed   Hair Growth   Blade

PUZZLE #9

```
T Z U I N S P Y Y P Q I I C T U P
E R F H S W H R E M F Z N Q O E F
W R E U R S W B I O B G S D W N Y
R U M N M H S R G N D N P O E P F
Y O R Z O U T P T S Q I E Q L B W
C L E P A I U J R K Q L C R I A H
P O Z L I U T O I Z G Y T L O V Z
I C I K I P S I C P Z T I F B R O
U N R V A S J B D Z M S O L O Z O
N O U K I R G T P N M P N A B H A
Z I T C O I F D E E O E S K P O T
G T S R A T T I N G L C V I N W G
D A I P I S J K Z V A F P N T B I
T D O T V C T X K L N E W G R D G
K I M G I V W Q P N O R I T A L F
N X H L U N E T W P T Z G C R H O
R O T V Y E T U B T P Z K U L Z R
```

Flaking   Moisturizer   Ratting   Conditioner   Scalp   Scissors   Trim

Oxidation   Colour   Styling   Tint   Inspection   Hair   Flat Iron   Towel

Bob

PUZZLE #10

```
I D C X N J C S D L C G Y B B K H
Y R D W O L B S N E E F F P G R A
U R E F U H Z J F D T D K E F V I
K B C R O S A D J M Y A A M J Q R
O G S S N O Y L A P Y A N M A S D
I H O A V G P Y O M E D R G O J R
U N P L O N J M S P R L P P L P Y
S S N O D I E A A Y E V U U S E E
F R B N R V Q B N H Y C U V F F R
A F E Y J A V E U C S I I U O U O
S A C L Z H S I M Y N I U A A N Y
H A G B L S X G M A L X D F M U H
I N Y C U O A Y J T K X E S I O Z
O Q N C O O R B B M R O F D A E H
N N T S N T B U K B V J N O D D X
F E A T H E R I N G U A G P J W E
S Y W O G A U C D Z V P U W K K C
```

Detangle   Feathering   Spray   Salon   Shampoo   Alopecia   Rollers
Shaving   Hairdryer   Blow Dry   Foam   Pomade   Fashion   Headform
Dryness

PUZZLE #11

OCZBLILAEM

CHEICLMA ACTINO

ODECIAMC

IHAR ECLYC

YHHTLAE TLEICUSC

LAERNUT LUCROO

ELLC DOTUOCPNRI

ROBA TLSIERB

CMSOCETI POSCTDUR

TNERTETAM

PUZZLE #12

DIPIERSEM

IDANGTEGNL

HAAYRPRIS

ICAYSELITT

TINNNIHG

RILEUMFIES

CDRUNTUE

EILXGIOTAFN

RUSCHNC RYD

BALREH CAENETCROTN

PUZZLE #13

URHOG YRD

☐☐☐☐☐ ☐☐☐

AEMING

☐☐☐☐☐☐

RGAKABEE

☐☐☐☐☐☐☐☐

BSUNTLESN

☐☐☐☐☐☐☐☐☐

GNAROIRZ

☐☐☐☐☐☐☐☐

CEQTHNEUI

☐☐☐☐☐☐☐☐☐

PAOUDRPOM

☐☐☐☐☐☐☐☐☐

LRIASTTISHY

☐☐☐☐☐☐☐☐☐☐☐

ARYLGNEI

☐☐☐☐☐☐☐☐

CIRLGYEN

☐☐☐☐☐☐☐☐

PUZZLE #14

REGZIFNE
YPASR

RHNYOEDG
OPDREIXE

ETHTYNSIC
IIRUOSESMZTR

TOBECLAIM
OSPRESC

XIOTAODNI
ROOCL

YTSORIOP

MNIAO AIDC

EBSSMELIH

SCEUERNSN

AOCIAELP

PUZZLE #15

INAMRETL IHRA

NOARLBMA TRHWOG

OLLEIFLC

SAPLC ATLNNFIAIOMM

TEIINSAC

CRRONWOS

MDERLA PLALAPI

CLSERDAKOD

IGFRSILTAA UMRCINI

KNNCHUGI

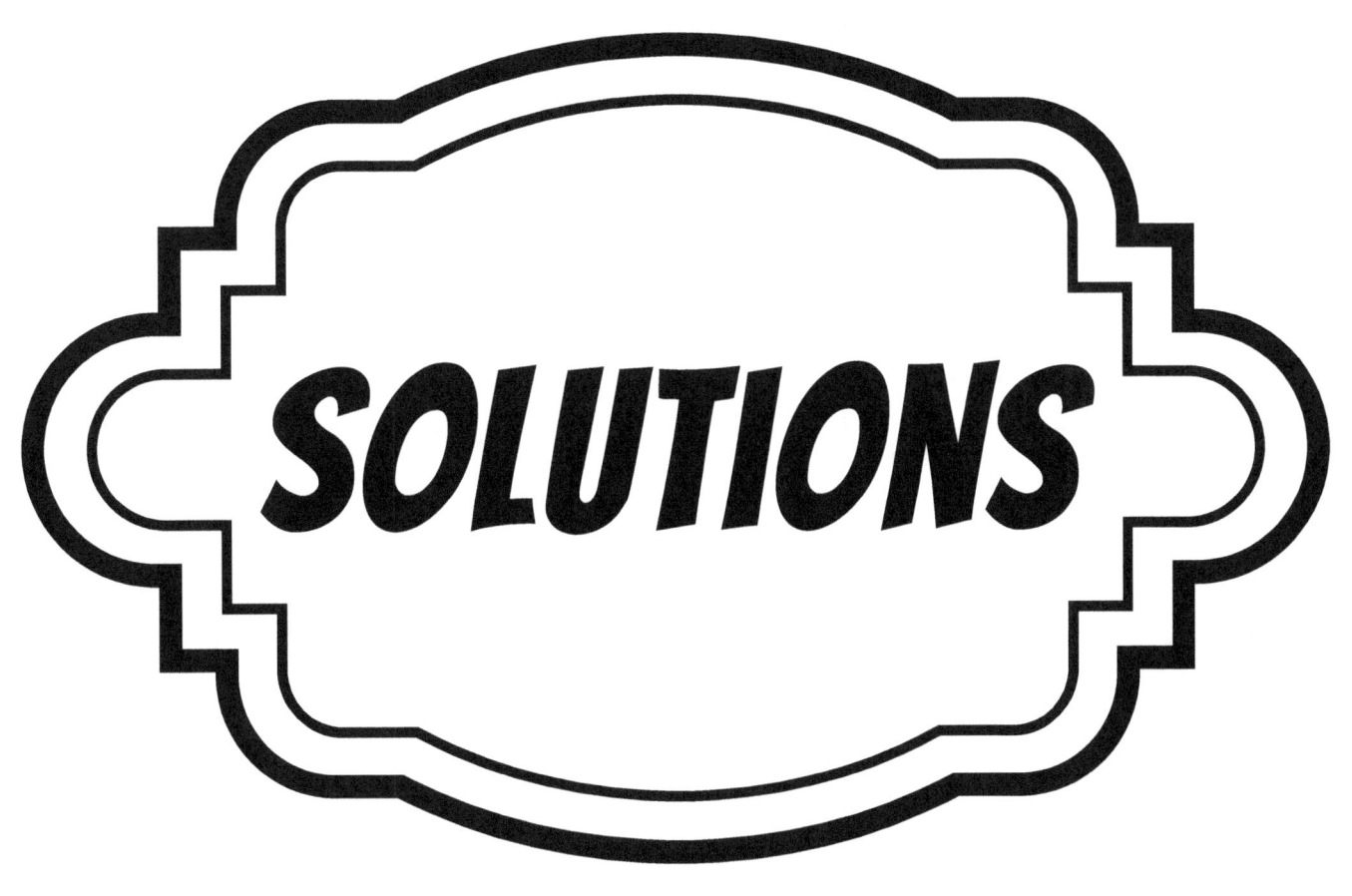

PUZZLE #1

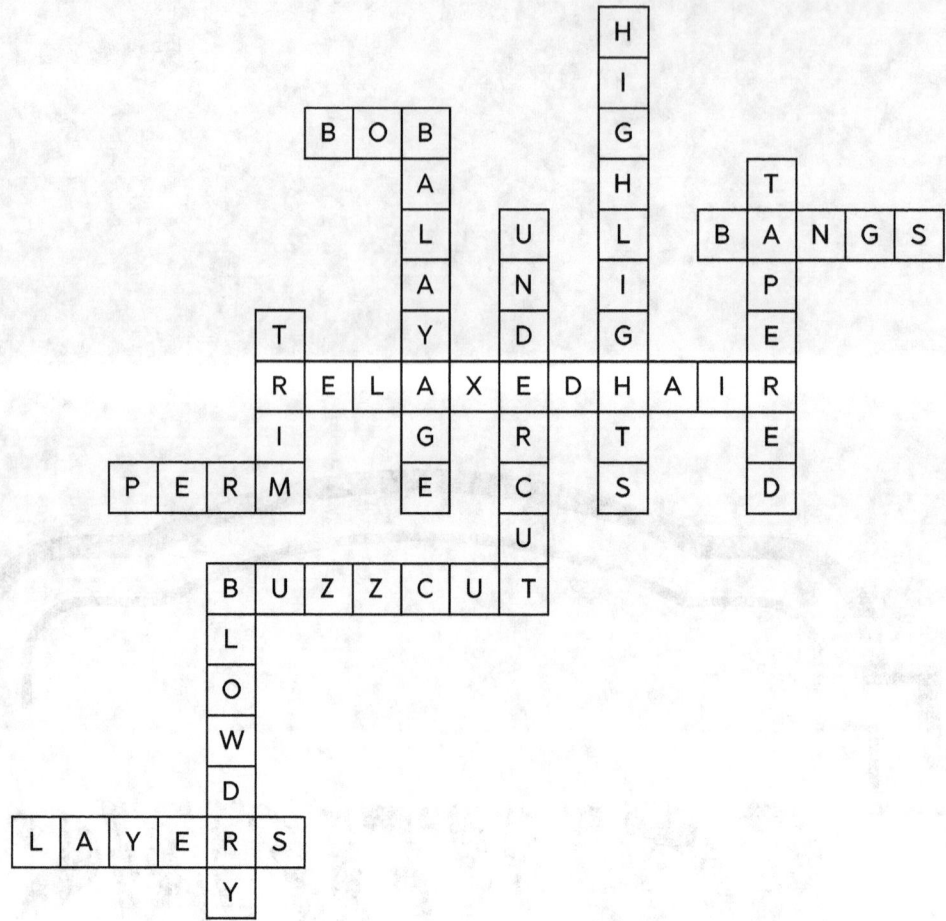

PUZZLE #2

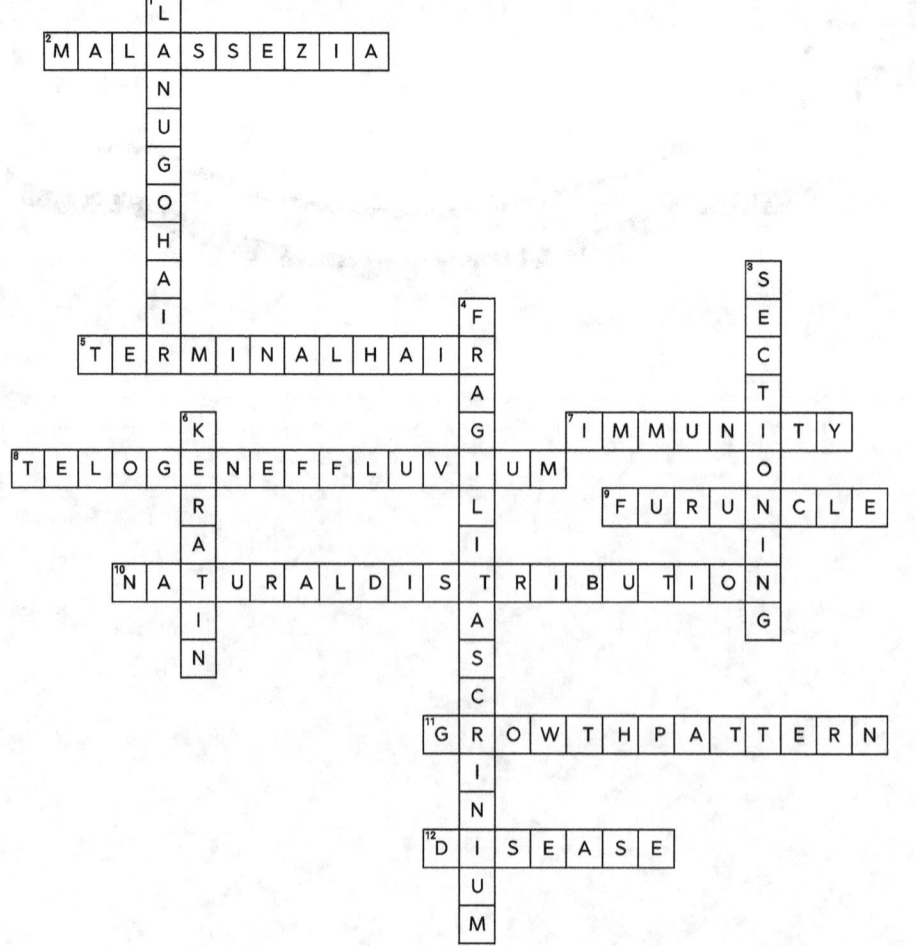

PUZZLE #3

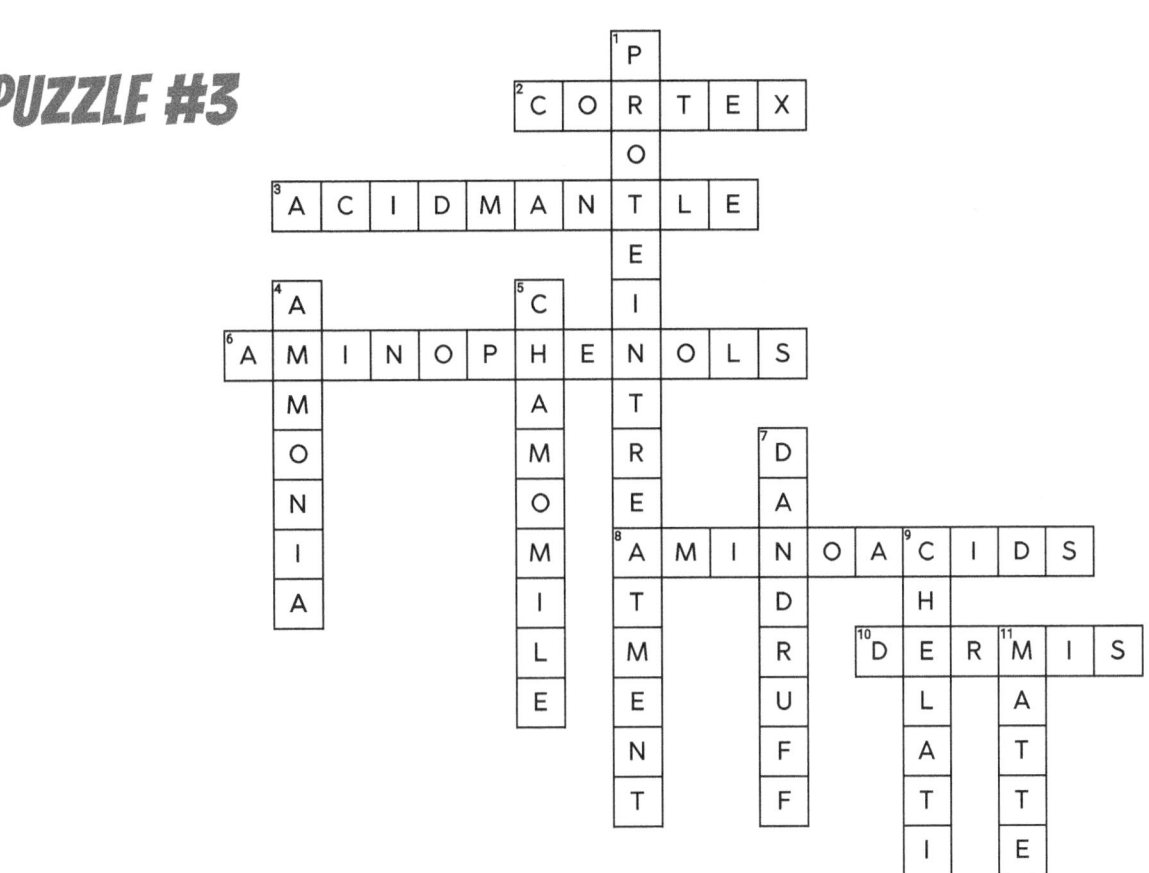

PUZZLE #4

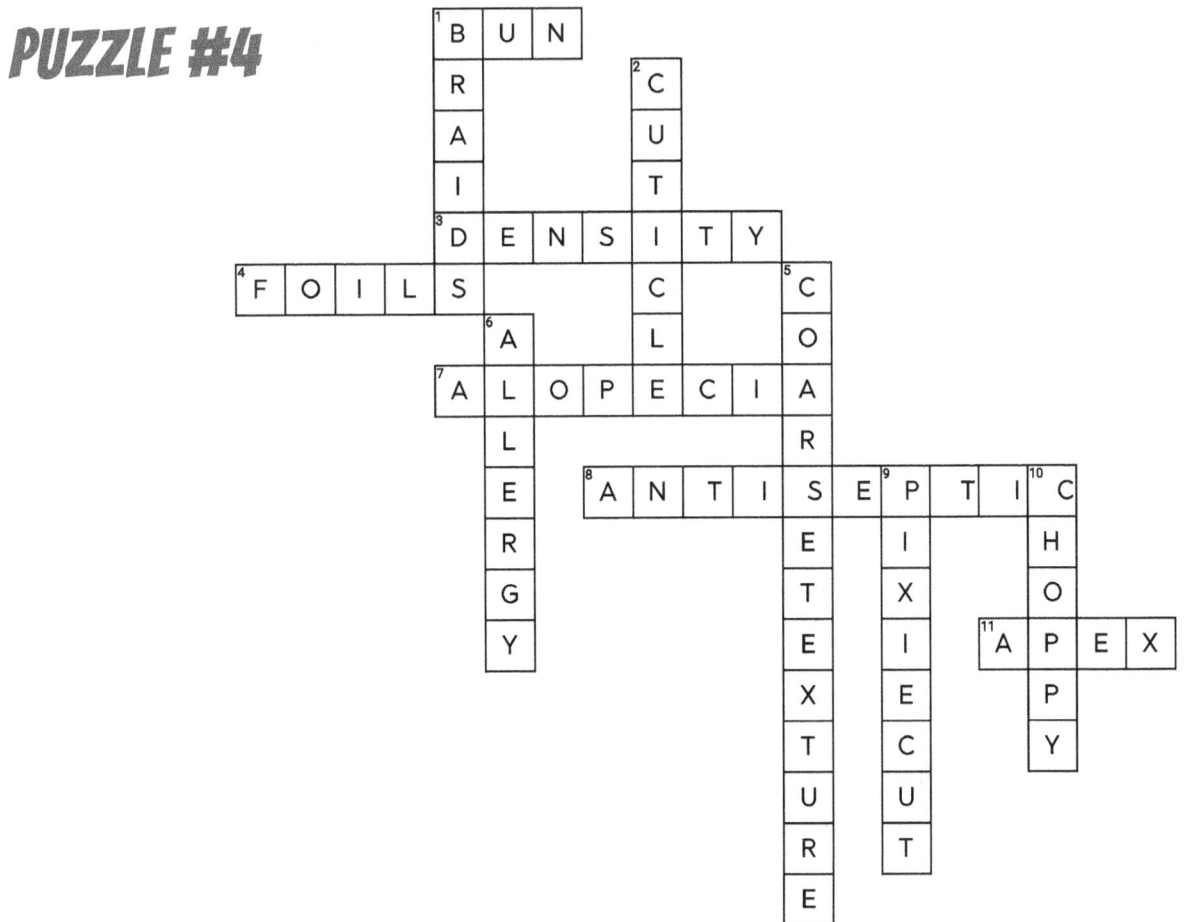

PUZZLE #5

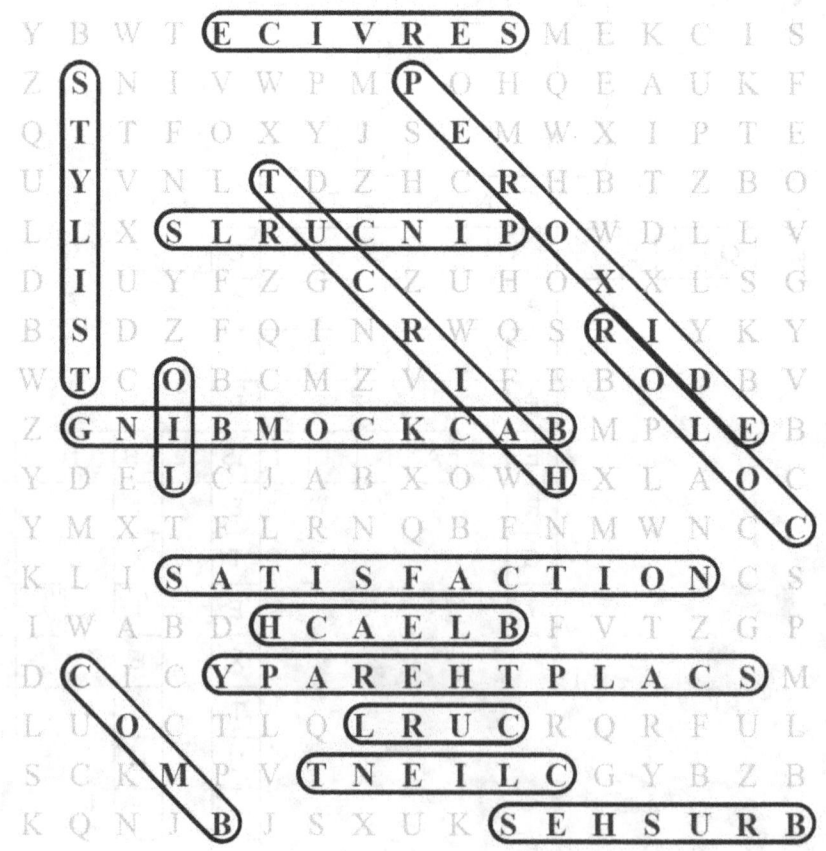

PUZZLE #6

PUZZLE #7

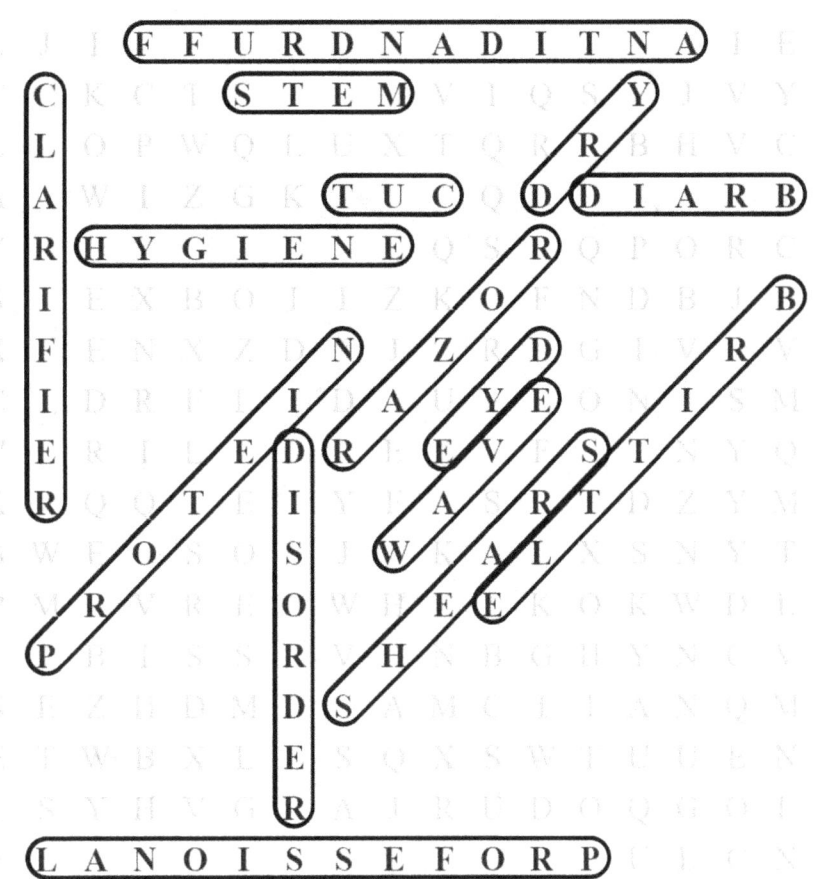

PUZZLE #8

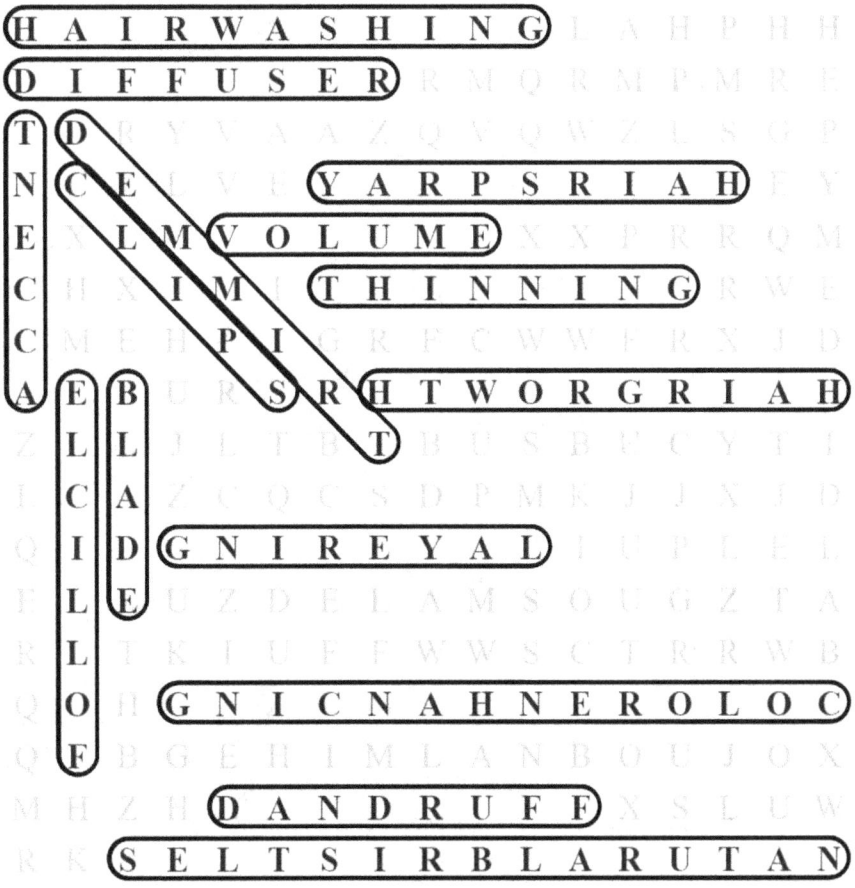

PUZZLE #9

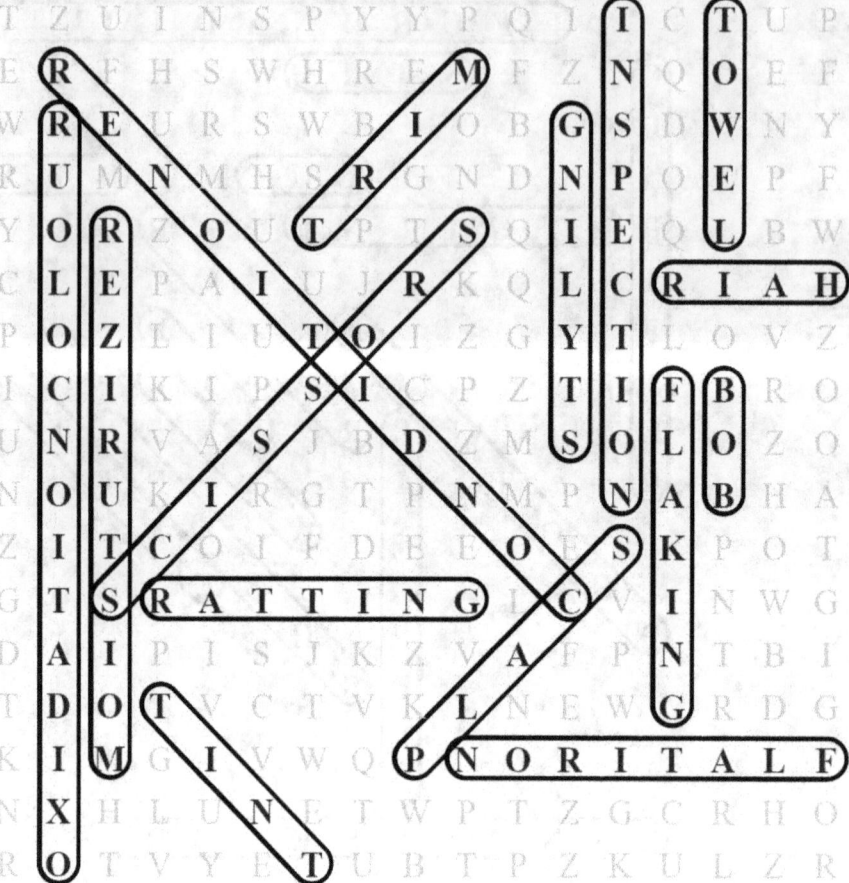

PUZZLE #10

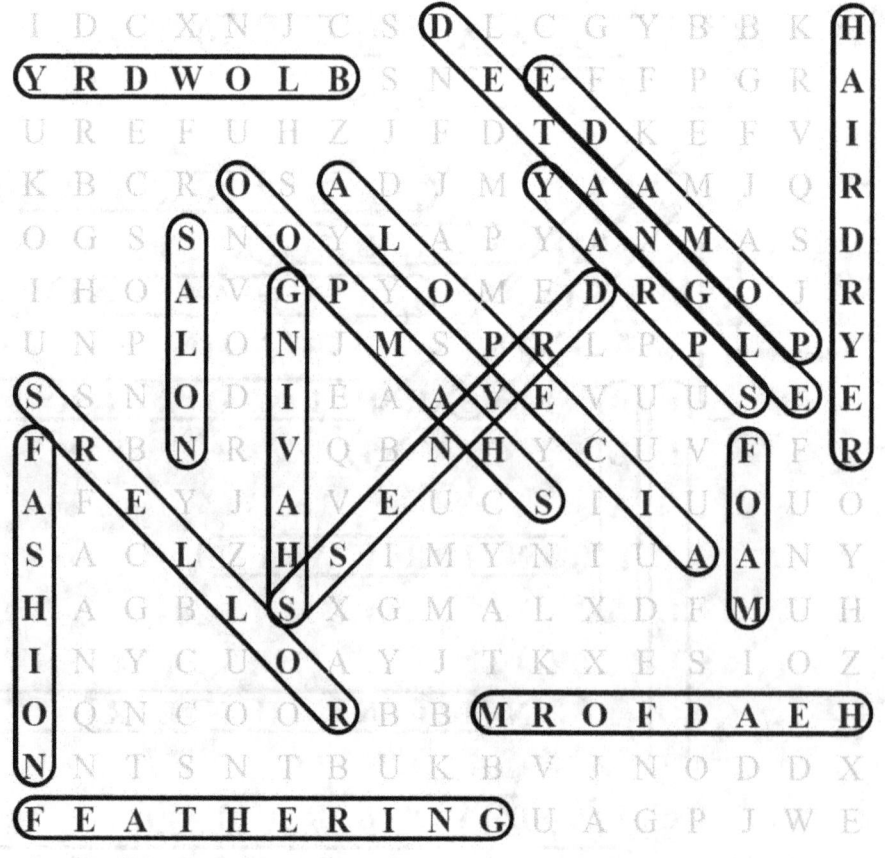

PUZZLE #17

- CHEMICAL ACTION
- HAIR CYCLE
- NEUTRAL COLOUR
- BOAR BRISTLE
- COSMETIC PRODUCTS
- CLIMBAZOLE
- COCAMIDE
- HEALTHY CUTICLES
- CELL PRODUCTION
- TREATMENT

PUZZLE #12

- EPIDERMIS
- DETANGLING
- ELASTICITY
- EMULSIFIER
- EXFOLIATING
- HERBAL CONCENTRATE
- HAIRSPRAY
- THINNING
- UNDERCUT
- SCRUNCH DRY

PUZZLE #13

ROUGH DRY

BREAKAGE

RAZORING

POMPADOUR

LAYERING

GAMINE

BLUNTNESS

TECHNIQUE

HAIRSTYLIST

GLYCERIN

PUZZLE #14

FREEZING SPRAY

HYDROGEN PEROXIDE

SYNTHETIC MOISTURIZERS

METABOLIC PROCESS

OXIDATION COLOR

POROSITY

AMINO ACID

BLEMISHES

SUNSCREEN

ALOPECIA

PUZZLE #15

TERMINAL HAIR

ABNORMAL GROWTH

FOLLICLE

SCALP INFLAMMATION

CANITIES

CORNROWS

DERMAL PAPILLA

DREADLOCKS

FRAGILITAS CRINIUM

CHUNKING

www.ingramcontent.com/pod-product-compliance
Lightning Source LLC
Chambersburg PA
CBHW080533220526
45465CB00006B/2696